poesía Hiperión, 344
BERTOLT BRECHT
MÁS DE CIEN POEMAS

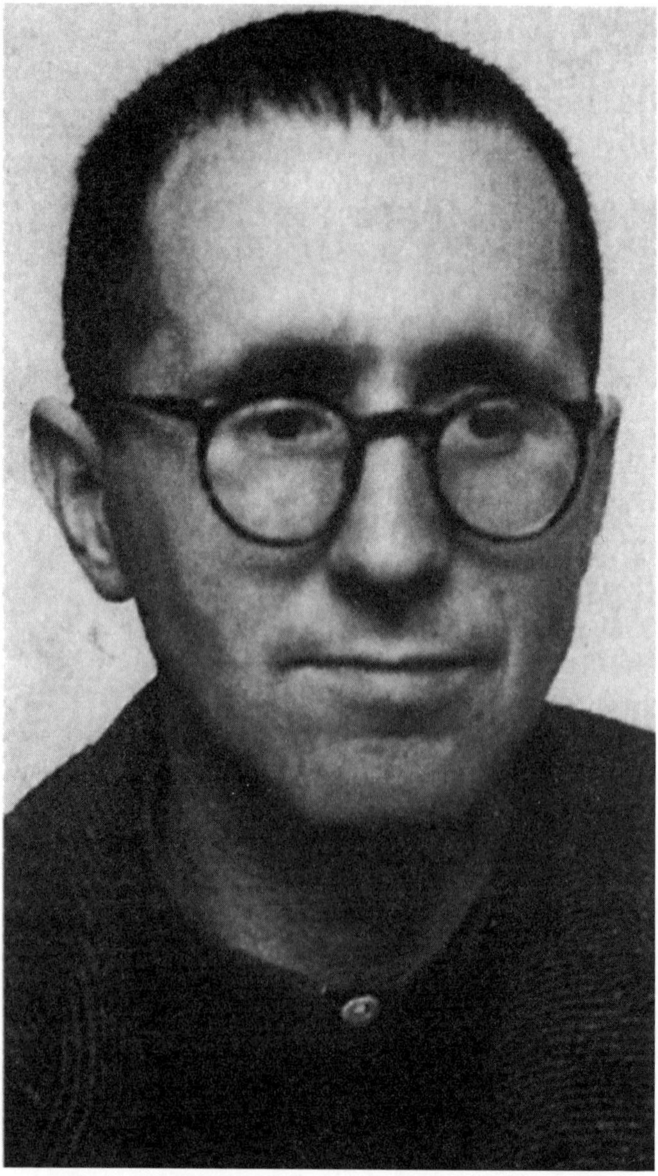

BERTOLT BRECHT

MÁS DE CIEN POEMAS

Selección y epílogo de Siegfried Unseld
Traducción de
Vicente Forés, Jesús Munárriz y Jenaro Talens

Edición bilingüe

Hiperión

poesía Hiperión
Colección dirigida por Jesús Munárriz
Diseño gráfico: Equipo 109

La primera publicación de esta obra contó
con el patrocinio de Inter-Nationes, Bonn.

Primera edición: 1998.   Cuarta edición: 2008
Título original: *Hundert Gedichte*.
© *Copyright* Suhrkamp Verlag Frankfurt am Main 1988, 1993, 1998.
© *Copyright* de la traducción:
Vicente Forés, Jesús Munárriz, Jenaro Talens, 1998.
Derechos de edición reservados: EDICIONES HIPERIÓN, S. L.
Calle de Salustiano Olózaga, 14 • 28001 Madrid • Tfnos.: 91 577 60 15 / 16
http://www.hiperion.com • e-mail: info@hiperion.com
ISBN: 978-84-7517-601-7 • Depósito legal: M-45054-2008
Artes Gráficas Géminis, C. B. • San Sebastián de los Reyes • Madrid

Prohibida la reproducción total o parcial de este libro
sin permiso previo por escrito de la editorial.

IMPRESO EN ESPAÑA • UNIÓN EUROPEA

Más de cien poemas

Serenade

Jetzt wachen nur mehr Mond und Katz
Die Menschen alle schlafen schon
Da trottet übern Rathausplatz
Bert Brecht mit seinem Lampion.

Wenn schon der junge Mai erwacht
Die Blüten sprossen für und für
Dann taumelt trunken durch die Nacht
Bert Brecht mit seinem Klampfentier

Und wenn ihr einst in Frieden ruht
Beseligt ganz vom Himmelslohn
Dann stolpert durch die Höllenglut
Bert Brecht mit seinem Lampion.

Serenata

Ahora sólo velan la luna y el gato
las gentes todas duermen ya
y Bert Brecht trota con su farol
por la plaza del ayuntamiento.

Cuando despierta el joven mayo
y flores brotan por doquier
Bert Brecht con su fiera guitarra
da bandazos borracho a través de la noche.

Y cuando vosotros descanséis en paz
tan felices con el premio eterno
andará tropezando por el fuego del infierno
Bert Brecht con su farol.

Choral vom Manne Baal

1
Als im weißen Mutterschoße aufwuchs Baal
War der Himmel schon so groß und still und fahl
Jung und nackt und ungeheuer wundersam
Wie ihn Baal dann liebte, als Baal kam.

2
Und der Himmel blieb in Lust und Kummer da
Auch wenn Baal schlief, selig war und ihn nicht sah:
Nachts er violett und trunken Baal
Baal früh fromm, er aprikosenfahl.

3
In der Sünder schamvollem Gewimmel
Lag Baal nackt und wälzte sich voll Ruh:
Nur der Himmel, aber immer *Himmel*
Deckte mächtig seine Blöße zu.

4
Alle Laster sind zu etwas gut
Und der Mann auch, sagt Baal, der sie tut.
Laster sind was, weiß man, was man will.
Sucht euch zwei aus: eines ist zuviel!

5
Seid nur nicht so faul und so verweicht
Denn Genießen ist bei Gott nicht leicht!

Coral del varón Baal

1
Cuando en el blanco seno de su madre crecía Baal
el cielo era ya tan amplio y pálido y sereno,
tan joven y desnudo e inmensamente maravilloso
como luego le gustaba a Baal, cuando Baal llegó.

2
Y el cielo seguía estando alegre y triste
también mientras Baal, dormido, era feliz y no lo veía:
de noche estaba violeta y borracho Baal; por la mañana,
Baal contento y el cielo con una palidez de albaricoque.

3
En el vergonzoso torbellino de los pecadores
Baal estaba desnudo y se revolcaba bien tranquilo:
sólo el cielo, pero *siempre* el cielo
cubría, poderoso, su desnudez.

4
Todos los vicios son buenos para algo
y también el hombre, dice Baal, que los practica.
Vicio es, ya se sabe, lo que uno desea.
¡Escoged dos, pues uno es demasiado!

5
¡No seáis tan vagos e indolentes,
pues gozar, por Dios, no es nada fácil!

Starke Glieder braucht man und Erfahrung auch:
Und mitunter stört ein dicker Bauch.

6
Zu den feisten Geiern blinzelt Baal hinauf
Die im Sternenhimmel warten auf den Leichnam Baal
Manchmal stellt sich Baal tot. Stürzt ein Geier drauf
Speist Baal einen Geier, stumm, zum Abendmahl.

7
Unter düstern Sternen in dem Jammertal
Grast Baal weite Felder schmatzend ab.
Sind sie leer, dann trottet singend Baal
In den ewigen Wald zum Schlaf hinab.

8
Und wenn Baal der dunkle Schoß hinunterzieht:
Was ist Welt für Baal noch? Baal ist satt.
Soviel Himmel hat Baal unterm Lid
Daß er tot noch grad genug Himmel hat.

9
Als im dunklen Erdenschoße faulte Baal
War der Himmel noch so groß und still und fahl
Jung und nackt und ungeheuer wunderbar
Wie ihn Baal einst liebte, als Baal war.

Miembros fuertes hacen falta y experiencia también:
y a veces molesta una barriga grande.

6
Baal guiña el ojo a los cebados buitres
que en el cielo estrellado esperan su cadáver.
Baal a veces se hace el muerto. Si un buitre se abalanza,
Baal se come un buitre, en silencio, para cenar.

7
Bajo estrellas aciagas en el valle de lágrimas
Baal pace extensos campos chasqueando la lengua.
Cuando quedan vacíos, Baal trota cantando
hacia el bosque eterno donde se echa a dormir.

8
Y cuando arrastra hacia sí a Baal el oscuro seno,
¿qué es ya para Baal el mundo? Baal está harto.
Tanto cielo tiene Baal bajo los párpados
que hasta en la muerte tiene suficiente cielo.

9
Cuando en el oscuro seno de la tierra se pudrió Baal
el cielo era todavía tan amplio y pálido y sereno,
tan joven y desnudo e inmensamente maravilloso
como le gustaba a Baal cuando Baal existía.

Die Ballade von François Villon

1
François Villon war armer Leute Kind.
Ihm schaukelte die Wiege kühler Föhn.
Von seiner Jugend unter Schnee und Wind
War nur der blaue Himmel drüber schön.
François Villon, den nie ein Bett bedeckte
Fand früh und leicht, daß kühler Wind ihm schmeckte.

2
Der Füße Bluten und des Steißes Beißen
Lehrt ihn, daß Steine spitzer sind als Felsen.
Er lernte früh den Stein auf andre schmeißen
Und sich auf andrer Leute Häuten wälzen.
Und wenn er sich nach seiner Decke streckte:
Da fand er früh und leicht, daß ihm das Strecken schmeckte.

3
War er im Wind nicht eben gerne bloß –
Schön war's im Schlamme, wenn die Sonne schien.
In Schmutz und Wind wuchs er zum starken Kloß
Und Weiber liebten, Männer haßten ihn.
Und wenn der Bursche Mann und Weib derbleckte
Und Prügel fing: Er lachte, weil's ihm schmeckte.

4
François Villon ward reicher Leute Schreck.
Ein Strolch und Kuppler, Bänkelsänger, Lump

La balada de François Villon

1
François Villon nació de gente pobre.
Le mecía la cuna el cierzo frío.
Entre el viento y la nieve, de su infancia
sólo era hermoso en lo alto el cielo azul.
François Villon, que nunca durmió en cama,
pronto notó que el fresco le gustaba.

2
Sangre en los pies, mordiscos en el culo
le enseñaron que piedras son peores que peñas.
Pronto aprendió a lanzar la piedra a otros
y a envolverse en la piel de otras personas.
Y cuando se estiraba para coger su manta
pronto notó que estirarse le gustaba.

3
Si no le apetecía estar desnudo al viento,
bien estaba en el barro, cuando brillaba el sol.
Creció entre viento y mugre y se hizo un terrón fuerte.
Le amaban las mujeres y los hombres le odiaban.
Y de crío, al burlarse de mujeres y hombres
y recibir palizas, se reía, aquello le gustaba.

4
François Villon fue el terror de los ricos.
Un granuja y un chulo, un coplero, un canalla,

Stahl er dem Herrgott seine Tage weg
Und nahm sie grinsend immerzu auf Pump.
Und wenn der Galgen ihn beizeiten schreckte:
Was tat's?! Da alles außer diesem schmeckte!

5

Er konnte nicht an Gottes Tischen zechen;
Und aus dem Himmel floß ihm niemals Segen.
Er mußte Menschen mit dem Messer stechen
Und seinen Schädel in die Schlinge legen
Wenn Angst ihm auch den Hochgenuß verdreckte;
Er fraß mit Lust, weil ihm das Fressen schmeckte.

6

Er fraß nicht mehr als sein Gedärme faßte
Und nur im Fressen, nicht ein Wirt war hier.
Sie konnten nichts dafür, daß er sie haßte —
Ihm ging's wie ihnen: Er konnt nichts dafür.
Ihm tat es leid, wenn so ein Gauch verreckte
Weil er nicht kriegen konnte, was ihm selbst auch schmeckte.

7

Um Leib und Seele völlig auszubauen
War Leib und Seele andrer nie ihm schad.
Als Platz, den Himmel ruhig anzuschauen
Tat Schlamm ihm wohl, wie nur ein Weib sonst tat.
Und wenn ein schöner Baum den Himmel deckte
War er nicht böse: Weil ihm alles schmeckte.

robaba sus días al Señor y sonriendo
se los sacaba siempre con sablazos.
Y aunque a veces le asustaba la horca,
¿qué más daba? ¡Pues menos eso, todo le gustaba!

5
No podía embriagarse en las mesas de Dios
y nunca le llegó la bendición del cielo.
Tuvo que pinchar gente con cuchillo
y que en el lazo colocar su cuello.
Cuando el miedo le emporcaba el máximo placer
tragaba con ganas, pues tragar le gustaba.

6
No tragaba más de lo que en sus tripas le cabía
y mientras tragaba ni un cantinero había allí.
No era culpa suya que él los odiase;
a él le pasaba lo que a ellos: no podía evitarlo.
Lo sentía, cuando uno de esos memos la palmaba
porque no conseguía lo que también a él le gustaba.

7
Para desarrollar su alma y cuerpo al completo
cuerpos y almas ajenos nunca le daban lástima.
Para mirar tranquilamente el cielo
el barro le iba bien, y aún mejor una hembra.
Y si tapaba el cielo un bello árbol
no se enfadaba: pues todo le gustaba.

8

Er konnte wunderbare Lieder setzen
Drin Feinde töten und den Freund beglücken –
Erst nach der Arbeit freilich, zum Ergötzen
Denn leichter war's als Gurgeln zuzudrücken.
Wenn er im Lied sich zu den Sternen reckte
War's, weil ihm Raub und Strafe gleich gut schmeckte.

9

Im Heute früh; und nachts am Strom; im Walde
In der Taverne; auf der Flucht im Ried. –
Fand er ein Weib nicht, das ihn unterhalte
Tat er es selbst und sang ein neues Lied.
Auch wenn ein Weib ihm sanft am Arsche leckte
Sang er sehr süß und fromm, weil es ihm schmeckte.

10

Auf weichen Bäuchen sang er seine Sure
Und zarte Finger kraulten ihm am Kinn:
Denn seine Liebste war schon eine Hure
Und seine Hure eine Herzogin.
Sie küßten ihn, wenn er die Zähne bleckte
Und er hielt stand: Wohl weil ihm beides schmeckte.

11

Ihm winkte nicht des Himmels süßer Lohn.
Die Polizei brach früh der Seele Stolz.
Und doch war dieser auch ein Gottessohn. –
Ist er durch Wind und Regen lang geflohn
Winkt ganz am End als Dank ein Marterholz.

8
Sabía componer maravillosas canciones
en las que matar al enemigo y hacer feliz al amigo,
tras el trabajo, claro, por placer,
pues era más sencillo que estrujar gaznates.
Si su canción se aupaba hacia las estrellas
era porque a él robo y castigo lo mismo le gustaban.

9
De mañana temprano; de noche junto al río;
en el bosque, en la tasca; huyendo en el juncal,
si no hallaba una hembra que con él se liara
se lo hacía el solito y cantaba una nueva canción.
También cuando una hembra le lamía suave el culo
cantaba muy dulce y modoso, pues le gustaba.

10
Sobre suaves vientres cantaba su sura
y delicados dedos le hurgaban la barbilla:
pues su amada era, sí, una puta,
y su puta una duquesa. Le besaban,
cuando enseñaba los dientes y él
aguantaba: pues ambas cosas le gustaban.

11
No le cayó del cielo un dulce premio.
Quebró la policía pronto su alma orgullosa
aunque él también era un hijo de Dios.
Huyó a través del viento y de la lluvia
y al final fue su pago un potro de tortura.

12
François Villon starb auf der Flucht vorm Loch
Vor sie ihn haschten, schnell im Strauch aus List —
Doch seine freche Seele lebt wohl noch —
Lang wie dieses Liedlein, das unsterblich ist.
Als er die Viere streckte und verreckte
Da fand er spät und schwer, daß ihm das Strecken schmeckte.

12
François Villon murió al huir, ante el hoyo
donde pronto lo cazaron, entre arbustos, con tretas.
Pero su fresca alma aún tiene que estar viva,
tanto como estas coplas, que serán inmortales.
Estiró pies y manos y palmó. Y tarde y mal
descubrió que estirarse también le gustaba.

Gegen Verführung

1
Laßt euch nicht verführen!
Es gibt keine Wiederkehr.
Der Tag steht in den Türen;
Ihr könnt schon Nachtwind spüren:
Es kommt kein Morgen mehr.

2
Laßt euch nicht betrügen!
Das Leben wenig ist.
Schlürft es in vollen Zügen!
Es wird euch nicht genügen
Wenn ihr es lassen müßt!

3
Laßt euch nicht vertrösten!
Ihr habt nicht zu viel Zeit!
Laßt Moder den Erlösten!
Das Leben ist am größten:
Es steht nicht mehr bereit.

4
Laßt euch nicht verführen!
Zu Fron und Ausgezehr!
Was kann euch Angst noch rühren?
Ihr sterbt mit allen Tieren
Und es kommt nichts nachher.

Contra el engaño

1
¡No os dejéis engañar!
No hay ningún retorno.
El día está a las puertas;
ya se siente el viento nocturno:
no habrá ningún mañana.

2
¡No os dejéis estafar!
La vida es poca.
¡Bebedla a grandes tragos,
pues no os parecerá bastante
cuando hayáis de dejarla!

3
¡No os dejéis consolar!
¡No tenéis mucho tiempo!
¡La pudrición, para los redentores!
La vida es lo más grande:
de nada más disponemos.

4
¡No os dejéis engañar!
¡Al tajo y agotáos!
¿Qué podéis temer ya?
Morís como los demás animales
y no hay nada después.

Legende vom toten Soldaten

1
Und als der Krieg im fünften Lenz
Keinen Ausblick auf Frieden bot
Da zog der Soldat seine Konsequenz
Und starb den Heldentod.

2
Der Krieg war aber noch nicht gar
Drum tat es dem Kaiser leid
Daß sein Soldat gestorben war:
Es schien ihm noch vor der Zeit.

3
Der Sommer zog über die Gräber her
Und der Soldat schlief schon
Da kam eines Nachts eine militär-
ische ärztliche Kommission.

4
Es zog die ärztliche Kommission
Zum Gottesacker hinaus
Und grub mit geweihtem Spaten den
Gefallnen Soldaten aus.

5
Und der Doktor besah den Soldaten genau
Oder was von ihm noch da war

Leyenda del soldado muerto

1
Al entrar en su quinto año, la guerra,
no ofrecía perspectivas de paz;
el soldado sacó sus consecuencias y
murió de muerte heroica.

2
Pero la guerra no había acabado,
por eso le dolió al emperador
que hubiera muerto su soldado:
le parecía antes de tiempo.

3
El verano pasó sobre las tumbas
y el soldado dormía ya;
entonces una noche llegó una comisión
médico-militar.

4
Y la comisión médica se fue
al campo santo
y excavaron con sus palas benditas
al soldado caído.

5
Miró atento al soldado aquel doctor,
o a lo que de él quedaba todavía

Und der Doktor fand, der Soldat war k.v.
Und er drücke sich vor der Gefahr.

6
Und sie nahmen sogleich den Soldaten mit
Die Nacht war blau und schön.
Man konnte, wenn man keinen Helm aufhatte
Die Sterne der Heimat sehn.

7
Sie schütteten ihm einen feurigen Schnaps
In den verwesten Leib
Und hängten zwei Schwestern in seinen Arm
Und sein halb entblößtes Weib.

8
Und weil der Soldat nach Verwesung stinkt
Drum hinkt ein Pfaffe voran
Der über ihn ein Weihrauchfaß schwingt
Daß er nicht stinken kann.

9
Voran die Musik mit Tschindrara
Spielt einen flotten Marsch.
Und der Soldat, so wie er's gelernt
Schmeißt seine Beine vom Arsch.

10
Und brüderlich den Arm um ihn
Zwei Sanitäter gehn

y el doctor encontró que el soldado era apto
y que se escaqueaba del peligro.

6
De inmediato cogieron al soldado;
era hermosa la noche y muy azul.
Se podían, si no llevabas casco,
ver las estrellas de la patria.

7
Le endilgaron un trago de aguardiente
en el cuerpo podrido
y le colgaron dos monjas del brazo
y a su mujer medio desnuda.

8
Como el soldado olía a podredumbre
le precedía cojeando un cura
que sobre él agitaba un incensario
para que no apestara.

9
Y delante la música con su tachín tachín
tocaba una marcha animada.
Y el soldado, tal como lo aprendiera,
disparaba sus piernas desde el culo.

10
Y echándole los brazos fraternales
iban dos sanitarios,

Sonst flög er noch in den Dreck ihnen hin
Und das darf nicht geschehn.

11
Sie malten auf sein Leichenhemd
Die Farben schwarz-weiß-rot
Und trugen's vor ihm her; man sah
Vor Farben nicht mehr den Kot.

12
Ein Herr im Frack schritt auch voran
Mit einer gestärkten Brust
Der war sich als ein deutscher Mann
Seiner Pflicht genau bewußt.

13
So zogen sie mit Tschindrara
Hinab die dunkle Chaussee
Und der Soldat zog taumelnd mit
Wie im Sturm die Flocke Schnee.

14
Die Katzen und die Hunde schrein
Die Ratzen im Feld pfeifen wüst:
Sie wollen nicht französisch sein
Weil das eine Schande ist.

15
Und wenn sie durch die Dörfer ziehn
Waren alle Weiber da.

porque si no, se les caería al barro
y aquello no debía suceder.

11
En el sudario le pintaron
los colores negro, blanco y rojo
y lo llevaban delante; ya no se veía
con los colores la inmundicia

12
Uno con frac iba también delante,
el pecho reforzado,
y venía a ser como un alemán
muy consciente de su deber.

13
Así bajaron con tachín tachín
por la oscura avenida
y aquel soldado se tambaleaba
como un copo de nieve en la tormenta.

14
Los gatos y los perros aullaban,
silbaban feroces las ratas de campo:
no querían ser francesas
porque eso es una vergüenza.

15
Y cuando atravesaban los pueblos
aparecían todas las mujeres.

Die Bäume verneigten sich. Vollmond schien.
Und alles schrie hurra!

16
Mit Tschindrara und Wiedersehn!
Und Weib und Hund und Pfaff!
Und mitten drin der tote Soldat
Wie ein besoffner Aff.

17
Und wenn sie durch die Dörfer ziehn
Kommt's, daß ihn keiner sah
So viele waren herum um ihn
Mit Tschindra und Hurra.

18
So viele tanzten und johlten um ihn
Daß ihn keiner sah.
Man konnte ihn einzig von oben noch sehn
Und da sind nur Sterne da.

19
Die Sterne sind nicht immer da.
Es kommt ein Morgenrot.
Doch der Soldat, so wie er's gelernt
Zieht in den Heldentod.

Se inclinaron los árboles. Salió la luna llena.
Y todo gritó ¡hurra!

16
¡Con tachín tatachín y hasta la vista!
¡Y mujer, perro y cura!
Y en medio el soldado muerto
como un mono borracho.

17
Y así mientras pasaban por los pueblos
sucedió que nadie lo veía;
¡había tantos a su alrededor
con tachín y con hurra!

18
Tantos bailaban y gritaban a su alrededor
que nadie lo veía.
Tan sólo desde arriba se le podía ver
y allí sólo hay estrellas.

19
Las estrellas no siempre están allí.
Llega la madrugada.
Pero el soldado, tal como aprendió,
marchó a su muerte heroica.

Apfelböck oder Die Lilie auf dem Felde

1

In mildem Lichte Jakob Apfelböck
Erschlug den Vater und die Mutter sein
Und schloß sie beide in den Wäscheschrank
Und blieb im Hause übrig, er allein.

2

Es schwammen Wolken unterm Himmel hin
Und um sein Haus ging mild der Sommerwind
Und in dem Hause saß er selber drin
Vor sieben Tagen war es noch ein Kind.

3

Die Tage gingen und die Nacht ging auch
Und nichts war anders außer mancherlei
Bei seinen Eltern Jakob Apfelböck
Wartete einfach, komme was es sei.

4

Und als die Leichen rochen aus dem Spind
Da kaufte Jakob eine Azalee
Und Jakob Apfelböck, das arme Kind
Schlief von dem Tag an auf dem Kanapee.

5

Es bringt die Milchfrau noch die Milch ins Haus
Gerahmte Buttermilch, süß, fett und kühl.

Apfelböck o el lirio en el campo

1

Bajo una suave luz Jakob Apfelböck
asesinó a su padre y a su madre
y encerró a los dos en el armario ropero
y se quedó en casa, sobrio, a solas.

2

Flotaban nubes bajo el cielo
y en torno a su casa soplaba suave el viento estival
y él se quedó sentado dentro de la casa;
siete días antes aún era un niño.

3

Los días pasaban y las noches también
y nada era distinto excepto algunas cosas.
Junto a sus padres Jakob Apfelböck
simplemente esperaba a que llegara lo que fuese.

4

Y cuando el olor de los cadáveres salió del armario
se compró Jakob una azalea
y Jakob Apfelböck, el pobre niño,
durmió desde aquel día en el sofá.

5

Aún trae la lechera leche a casa,
leche con nata, dulce, grasa y fresca.

Was er nicht trinkt, das schüttet Jakob aus
Denn Jakob Apfelböck trinkt nicht mehr viel.

6
Es bringt der Zeitungsmann die Zeitung noch
Mit schwerem Tritt ins Haus beim Abendlicht
Und wirft sie scheppernd in das Kastenloch
Doch Jakob Apfelböck, der liest sie nicht.

7
Und als die Leichen rochen durch das Haus
Da weinte Jakob und ward krank davon.
Und Jakob Apfelböck zog weinend aus
Und schlief von nun an nur auf dem Balkon.

8
Es sprach der Zeitungsmann, der täglich kam:
Was riecht hier so? Ich rieche doch Gestank.
In mildem Licht sprach Jakob Apfelböck:
Es ist die Wäsche in dem Wäscheschrank.

9
Es sprach die Milchfrau einst, die täglich kam:
Was riecht hier so? Es riecht, als wenn man stirbt!
In mildem Licht sprach Jakob Apfelböck:
Es ist das Kalbfleisch, das im Schrank verdirbt.

10
Und als sie einstens in den Schrank ihm sahn
Stand Jakob Apfelböck in mildem Licht

La que no se la bebe, Jakob la tira,
pues Jakob Apfelböck ya no bebe mucha.

6
El repartidor trae aún el periódico
con paso pesado a la casa aún encendida
y lo lanza ruidoso por la rendija del buzón,
pero Jakob Apfelböck no los lee.

7
Y cuando los cadáveres olían en toda la casa
Jakob lloró y aquello le enfermó.
Y Jakob Apfelböck se mudó llorando
y sólo durmió desde entonces en el balcón.

8
Dijo el repartidor, que acudía a diario:
¿A qué huele aquí? A mí me huele a podrido.
Bajo la suave luz dijo Jakob Apfelböck:
Es la ropa en el armario ropero.

9
Dijo un día la lechera, que acudía a diario:
¿A qué huele aquí? ¡Huele como a muerto!
Bajo la suave luz dijo Jakob Apfelböck:
es la carne de ternera que se pudre en el armario.

10
Y cuando un día miraron en el armario
Jakob Apfelböck siguió plantado bajo la suave luz

Und als sie fragten, warum er's getan
Sprach Jakob Apfelböck: Ich weiß es nicht.

11
Die Milchfrau aber sprach am Tag danach
Ob wohl das Kind einmal, früh oder spät
Ob Jakob Apfelböck wohl einmal noch
Zum Grabe seiner armen Eltern geht?

y cuando le preguntaron por qué lo había hecho
dijo Jakob Apfelböck: No lo sé.

11
Pero la lechera, al día siguiente, se preguntaba
si alguna vez el niño, antes o después,
si Jakob Apfelböck igual alguna vez
iría a la tumba de sus pobres padres.

Bericht vom Zeck

1
Durch unsere Kinderträume
In dem milchweißen Bett
Spukte um Apfelbäume
Der Mann in Violett.

2
Liegend vor ihm im Staube
Sah man: da saß er. Träg.
Und streichelte seine Taube
Und sonnte sich am Weg.

3
Er schätzt die kleinste Gabe
Sauft Blut als wie ein Zeck.
Und daß man nur ihn habe
Nimmt er sonst alles weg.

4
Und gabst du für ihn deine
Und anderer Freude her;
Und liegst dann arm am Steine
Dann kennt er dich nicht mehr.

5
Er spuckt dir gern zum Spaße
Ins Antlitz rein und guckt

Informe sobre el hombre del saco

1
En nuestros sueños infantiles
en la cama blanca como la leche
fantasmeaba en torno a los manzanos
el hombre de violeta.

2
Tumbándose ante él en el polvo
se le veía: allí estaba sentado. Apático.
Y acariciaba su paloma
y tomaba el sol en el camino.

3
Aprecia la menor dádiva,
traga sangre como una garrapata.
Y sólo a él hay que tenerle,
si no, él se lo lleva todo.

4
Y aunque hayas cedido alegrías por él,
tanto de otros como tuyas,
si yaces pobre junto a una piedra
entonces ya no te conoce.

5
Te escupe a gusto por broma
a la cara y apuntando

Daß er dich ja gleich fasse
Wenn deine Wimper zuckt.

6
Am Abend steht er spähend
An deinem Fenster dort
Und merkt sich jedes Lächeln
Und geht beleidigt fort.

7
Und hast du eine Freude
Und lachst du noch so leis –
Er hat eine kleine Orgel
Drauf spielt er Trauerweis.

8
Er taucht in Himmelsbläue
Wenn einer ihn verlacht
Und hat doch auch die Haie
Nach seinem Bild gemacht.

9
An keinem sitzt er lieber
Als einst am Totenbett.
Er spukt durchs letzte Fieber
Der Kerl in Violett.

para que te pille justo
cuando parpadeas.

6
Por la noche se coloca
a espiar en tu ventana,
registra cada sonrisa
y se va muy ofendido.

7
Y si una alegría tienes
y ríes, aunque bajito,
él, que tiene un organillo,
va tocando gorigoris.

8
Se inmerge en azul celeste
cuando alguien se burla de él
aunque hizo a los tiburones
copiando su propia imagen.

9
Donde le gusta sentarse
es en el lecho mortuorio.
Ronda por la última fiebre
ese tipo de violeta.

Orges Gesang

Orge sagte mir:

1
Der liebste Ort, den er auf Erden hab
Sei nicht die Rasenbank am Elterngrab.

2
Orge sagte mir: Der liebste Ort
Auf Erden war ihm immer der Abort.

3
Dies sei ein Ort, wo man zufrieden ist
Daß drüber Sterne sind und drunter Mist.

4
Ein Ort sei einfach wundervoll, wo man
Wenn man erwachsen ist, allein sein kann.

5
Ein Ort der Demut, dort erkennst du scharf
Daß du ein Mensch nur bist, der nichts behalten darf.

6
Ein Ort, wo man, indem man leiblich ruht
Sanft, doch mit Nachdruck, etwas für sich tut.

El Canto de Orge

Orge me dijo:

1
Que el sitio preferido que él tenía en el mundo
no era el banco en la hierba junto a la tumba de sus padres.

2
Orge me dijo que su sitio preferido
en el mundo siempre fue el retrete.

3
Decía que es un sitio en el que se está a gusto,
pues encima hay estrellas y debajo excremento.

4
Sitio sencillamente maravilloso, donde
cuando uno ya es adulto, puede quedarse solo.

5
Un sitio humilde donde con nitidez descubres
que eres sólo un humano, que con nada se queda.

6
Un sitio donde, al par que el cuerpo descansa,
se hace algo suave pero con vigor por uno mismo.

7
Ein Ort der Weisheit, wo du deinen Wanst
Für neue Lüste präparieren kannst.

8
Und doch erkennst du dorten, was du bist:
Ein Bursche, der auf dem Aborte – frißt!

7
Un sitio de sabiduría donde a tu barriga
la puedes preparar para nuevos placeres.

8
Y no obstante, allí reconoces lo que eres:
un tipo que en el retrete – ¡traga!

Vom ertrunkenen Mädchen

1
Als sie ertrunken war und hinunterschwamm
Von den Bächen in die größeren Flüsse
Schien der Opal des Himmels sehr wundersam
Als ob er die Leiche begütigen müsse.

2
Tang und Algen hielten sich an ihr ein
So daß sie langsam viel schwerer ward
Kühl die Fische schwammen an ihrem Bein
Pflanzen und Tiere beschwerten noch ihre letzte Fahrt.

3
Und der Himmel ward abends dunkel wie Rauch
Und hielt nachts mit den Sternen das Licht in Schwebe.
Aber früh war er hell, daß es auch
Noch für sie Morgen und Abend gebe.

4
Als ihr bleicher Leib im Wasser verfaulet war
Geschah es (sehr langsam), daß Gott sie allmählich vergaß
Erst ihr Gesicht, dann die Hände und ganz zuletzt erst ihr Haar.
Dann ward sie Aas in Flüssen mit vielem Aas.

De la muchacha ahogada

1
Cuando se ahogó y descendió flotando
desde los riachuelos a los ríos mayores
resplandecía extrañamente el cielo de ópalo
como si tuviera que calmar al cadáver.

2
Algas y musgo se aferraban a ella,
con lo que fue haciéndose cada vez más pesada.
Fríos los peces nadaban por sus piernas,
animales y plantas lastraron hasta su último viaje.

3
Y el cielo por la tarde era como humo oscuro
y mantuvo pendiente por la noche la luz con las estrellas.
Pero amaneció pronto, para que así también
siguiera habiendo para ella mañana y tarde.

4
Cuando su cuerpo pálido se pudrió ya en el agua,
sucedió (muy despacio) que Dios poquito a poco la olvidó:
primero el rostro, luego las manos y por último el pelo.
Entonces fue carroña en ríos llenos de carroña.

Vom Klettern in Bäumen

1
Wenn ihr aus eurem Wasser steigt am Abend —
Denn ihr müßt nackt sein und die Haut muß weich sein —
Dann steigt auch noch auf eure großen Bäume
Bei leichtem Wind. Auch soll der Himmel bleich sein.
Sucht große Bäume, die am Abend schwarz
Und langsam ihre Wipfel wiegen, aus!
Und wartet auf die Nacht in ihrem Laub
Und um die Stirne Mahr und Fledermaus!

2
Die kleinen harten Blätter im Gesträuche
Zerkerben euch den Rücken, den ihr fest
Durchs Astwerk stemmen müßt; so klettert ihr
Ein wenig ächzend höher ins Geäst.
Es ist ganz schön, sich wiegen auf dem Baum!
Doch sollt ihr euch nicht wiegen mit den Knien!
Ihr sollt dem Baum so wie sein Wipfel sein:
Seit hundert Jahren abends: Er wiegt ihn.

Del trepar a los árboles

1
Cuando salgáis del agua ya al anochecer
–pues debéis estar desnudos y la piel ha de estar suave–
trepad entonces a algún árbol alto
si sopla brisa. También tiene que estar el cielo pálido.
Buscad árboles altos que al anochecer
mezan sus negras copas lentamente.
Y esperad en la noche entre el follaje,
rodeada la frente de pesadillas y murciélagos.

2
Las ásperas hojitas de la fronda
os rasparán la espalda, pues tendréis
que apoyaros con fuerza y sujetaros a las ramas; trepad aún
un poco más arriba jadeantes entre el ramaje.
¡Es algo muy hermoso mecerse sobre un árbol!
¡Pero no os debéis impulsar con las rodillas!
Tenéis que ser al árbol lo mismo que su copa:
lleva un siglo meciéndola en cada atardecer.

Vom Schwimmen in Seen und Flüssen

1
Im bleichen Sommer, wenn die Winde oben
Nur in dem Laub der großen Bäume sausen
Muß man in Flüssen liegen oder Teichen
Wie die Gewächse, worin Hechte hausen.
Der Leib wird leicht im Wasser. Wenn der Arm
Leicht aus dem Wasser in den Himmel fällt
Wiegt ihn der kleine Wind vergessen
Weil er ihn wohl für braunes Astwerk hält.

2
Der Himmel bietet mittags große Stille.
Man macht die Augen zu, wenn Schwalben kommen.
Der Schlamm ist warm. Wenn kühle Blasen quellen
Weiß man: ein Fisch ist jetzt durch uns geschwommen.
Mein Leib, die Schenkel und der stille Arm
Wir liegen still im Wasser, ganz geeint
Nur wenn die kühlen Fische durch uns schwimmen
Fühl ich, daß Sonne überm Tümpel scheint.

3
Wenn man am Abend von dem langen Liegen
Sehr faul wird, so, daß alle Glieder beißen
Muß man das alles, ohne Rücksicht, klatschend
In blaue Flüsse schmeißen, die sehr reißen.
Am besten ist's, man hält's bis Abend aus.
Weil dann der bleiche Haifischhimmel kommt

Del nadar en lagos y ríos

1
En el claro verano, cuando los vientos soplan
sólo en la copa de los más altos árboles,
hay que flotar en ríos o en estanques
como esas plantas en que viven los lucios.
En el agua se hace liviano el cuerpo. Cuando el brazo
se alza ligero al cielo desde el agua,
lo mece el vientecillo olvidado
porque suele tomarlo por ramaje moreno.

2
El cielo a mediodía ofrece una gran calma.
Uno cierra los ojos si vienen golondrinas.
El barro está caliente. Si brotan frescas burbujas,
ya se sabe: un pez pasa nadando por debajo.
Mi cuerpo, los muslos y los brazos inmóviles
yacemos en el agua tranquilos, muy unidos;
sólo cuando los fríos peces pasan nadando por debajo
siento que brilla el sol sobre la poza.

3
Cuando de noche, de tanto estar tumbado,
se siente uno muy vago, con muchas agujetas,
hay que tirarlo todo, sin consideración,
aplaudiendo, a los ríos azules, que todo se lo llevan.
Lo mejor es aguantar hasta la noche.
Pues llega el claro cielo tiburón

Bös und gefräßig über Fluß und Sträuchern
Und alle Dinge sind, wie's ihnen frommt.

4
Natürlich muß man auf dem Rücken liegen
So wie gewöhnlich. Und sich treiben lassen.
Man muß nicht schwimmen, nein, nur so tun, als
Gehöre man einfach zu Schottermassen.
Man soll den Himmel anschaun und so tun
Als ob einen ein Weib trägt, und es stimmt.
Ganz ohne großen Umtrieb, wie der liebe Gott tut
Wenn er am Abend noch in seinen Flüssen schwimmt.

malvado y voraz sobre río y arbustos
y son todas las cosas como les apetece.

4
Por supuesto hay que tumbarse de espaldas
como de costumbre. Y dejarse llevar.
No hay que nadar, no, sólo hacer como que
simplemente formara uno parte de la grava.
Hay que mirar al cielo y hacer como
cuando a uno le lleva una mujer, y así es.
Todo sin grandes intrigas, como lo hace el buen Dios
cuando aún nada de noche en sus ríos.

Erinnerung an die Marie A.

1
An jenem Tag im blauen Mond September
Still unter einem jungen Pflaumenbaum
Da hielt ich sie, die stille bleiche Liebe
In meinem Arm wie einen holden Traum.
Und über uns im schönen Sommerhimmel
War eine Wolke, die ich lange sah
Sie war sehr weiß und ungeheuer oben
Und als ich aufsah, war sie nimmer da.

2
Seit jenem Tag sind viele, viele Monde
Geschwommen still hinunter und vorbei
Die Pflaumenbäume sind wohl abgehauen
Und fragst du mich, was mit der Liebe sei?
So sag ich dir: Ich kann mich nicht erinnern.
Und doch, gewiß, ich weiß schon, was du meinst
Doch ihr Gesicht, das weiß ich wirklich nimmer
Ich weiß nur mehr: Ich küßte es dereinst.

3
Und auch den Kuß, ich hätt ihn längst vergessen
Wenn nicht die Wolke da gewesen wär
Die weiß ich noch und werd ich immer wissen
Sie war sehr weiß und kam von oben her.
Die Pflaumenbäume blühn vielleicht noch immer

Recuerdo de Marie A.

1
En aquel día de luna azul de septiembre
en silencio bajo un ciruelo joven
estreché entre mis brazos como un sueño bendito
a mi pálido amor callado.
Y por encima de nosotros en el hermoso cielo estival
había una nube, que contemplé durante mucho tiempo;
era tremendamente alta y blanquísima
y al mirar de nuevo hacia arriba, ya no estaba.

2
Desde aquel día muchas, muchas lunas
se han zambullido en silencio y han pasado.
Los ciruelos habrán sido arrancados
y si me preguntas ¿qué fue de aquel amor?
te contesto: no consigo acordarme,
pero aun así, es cierto, sé a qué te refieres.
Aunque su rostro, de verdad, no lo recuerde,
ahora sé tan sólo que entonces la besé.

3
Y también habría olvidado el beso hace ya tiempo
de no haber estado allí la nube aquella;
a ella sí la recuerdo y siempre la recordaré,
era muy blanca y venía de arriba.
Puede que los ciruelos todavía florezcan

*Und jene Frau hat jetzt vielleicht das siebte Kind
Doch jene Wolke blühte nur Minuten
Und als ich aufsah, schwand sie schon im Wind.*

y que aquella mujer tenga ya siete hijos,
pero aquella nube floreció sólo algunos minutos
y cuando miré a lo alto estaba desvaneciéndose en el viento.

Vom armen B. B.

1
Ich, Bertolt Brecht, bin aus den schwarzen Wäldern.
Meine Mutter trug mich in die Städte hinein
Als ich in ihrem Leibe lag. Und die Kälte der Wälder
Wird in mir bis zu meinem Absterben sein.

2
In der Asphaltstadt bin ich daheim. Von allem Anfang
Versehen mit jedem Sterbesakrament:
Mit Zeitungen. Und Tabak. Und Branntwein.
Mißtrauisch und faul und zufrieden am End.

3
Ich bin zu den Leuten freundlich. Ich setze
Einen steifen Hut auf nach ihrem Brauch.
Ich sage: es sind ganz besonders riechende Tiere
Und ich sage: es macht nichts, ich bin es auch.

4
In meine leeren Schaukelstühle vormittags
Setze ich mir mitunter ein paar Frauen
Und ich betrachte sie sorglos und sage ihnen:
In mir habt ihr einen, auf den könnt ihr nicht bauen.

5
Gegen abends versammle ich um mich Männer
Wir reden uns da mit »Gentleman« an

Del pobre B. B.

1
Yo, Bertolt Brecht, soy de las selvas negras.
Mi madre me condujo a las ciudades
cuando estaba en su vientre. Y el frío de los bosques
dentro de mí estará hasta que me muera.

2
En la ciudad de asfalto estoy en casa. Desde el principio
provisto de los últimos sacramentos:
de periódicos, tabaco y aguardiente.
Desconfiado y vago y contento en el fondo.

3
Soy amigable con la gente. Me pongo
un bombín en lo alto según su costumbre.
Digo: son animales de olor muy especial
y digo: no importa, yo también lo soy.

4
En mis mecedoras vacías por la mañana
siento a veces a un par de mujeres
y las contemplo con tranquilidad y les digo:
aquí tenéis a alguien en quien no confiar.

5
Por la tarde me rodeo de hombres,
nos tratamos mutuamente de "gentlemen";

*Sie haben ihre Füße auf meinen Tischen
Und sagen: es wird besser mit uns. Und ich frage nicht: wann.*

6

*Gegen Morgen in der grauen Frühe pissen die Tannen
Und ihr Ungeziefer, die Vögel, fängt an zu schrein.
Um die Stunde trink ich mein Glas in der Stadt aus und schmeiße
Den Tabakstummel weg und schlafe beunruhigt ein.*

7

*Wir sind gesessen ein leichtes Geschlechte
In Häusern, die für unzerstörbare galten
(So haben wir gebaut die langen Gehäuse des Eilands Manhattan
Und die dünnen Antennen, die das Atlantische Meer unterhalten).*

8

*Von diesen Städten wird bleiben: der durch sie hindurchging, der Wind!
Fröhlich machet das Haus den Esser: er leert es.
Wir wissen, daß wir Vorläufige sind
Und nach uns wird kommen: nichts Nennenswertes.*

9

*Bei den Erdbeben, die kommen werden, werde ich hoffentlich
Meine Virginia nicht ausgehen lassen durch Bitterkeit
Ich, Bertolt Brecht, in die Asphaltstädte verschlagen
Aus den schwarzen Wäldern in meiner Mutter in früher Zeit.*

ponen sus pies sobre mis mesas
y dicen: ha de irnos mejor. Y no pregunto: cuándo.

6

Al alba mean los abetos en el gris amanecer
y sus bichos, los pájaros, empiezan a gritar.
A esa hora en la ciudad bebo mi copa,
tiro la colilla del puro y me duermo desasosegado.

7

Especie delicada, estamos instalados
en casas que pasaban por indestructibles
(así hemos construido los altos edificios de la isla de Manhattan
y las finas antenas que dominan el océano Atlántico).

8

De estas ciudades sólo quedará ¡el viento que las atraviesa!
La casa le alegra al tragón: la vacía.
Sabemos que somos interinos y que, tras de nosotros,
no vendrá nada digno de mención.

9

En los terremotos que vendrán espero
no dejar que apague la amargura mi puro de Virginia,
yo, Bertolt Brecht, arrojado a las ciudades de asfalto
desde los bosques negros, dentro de mi madre, a una temprana edad.

Von der Kindesmörderin Marie Farrar

1

Marie Farrar, geboren im April
Unmündig, merkmallos, rachitisch, Waise
Bislang angeblich unbescholten, will
Ein Kind ermordet haben in der Weise:
Sie sagt, sie habe schon im zweiten Monat
Bei einer Frau in einem Kellerhaus
Versucht, es abzutreiben mit zwei Spritzen
Angeblich schmerzhaft, doch ging's nicht heraus.
Doch ihr, ich bitte euch, wollt nicht in Zorn verfallen
Denn alle Kreatur braucht Hilf von allen.

2

Sie habe dennoch, sagt sie, gleich bezahlt
Was ausgemacht war, sich fortan geschnürt
Auch Sprit getrunken, Pfeffer drin vermahlt
Doch habe sie das nur stark abgeführt.
Ihr Leib sei zusehends geschwollen, habe
Auch stark geschmerzt, beim Tellerwaschen oft.
Sie selbst sei, sagt sie, damals noch gewachsen.
Sie habe zu Marie gebetet, viel erhofft.
Auch ihr, ich bitte euch, wollt nicht in Zorn verfallen
Denn alle Kreatur braucht Hilf von allen.

3

Doch die Gebete hätten, scheinbar, nichts genützt.
Es war auch viel verlangt. Als sie dann dicker war

De la infanticida Marie Farrar

1
Marie Farrar, nacida en abril,
menor de edad, sin señas particulares, huérfana, raquítica,
hasta el momento presuntamente sin antecedentes,
parece haber asesinado un niño de este modo:
declara que ya en el segundo mes
en casa de una mujer, en un sótano,
intentó expulsarlo con dos inyecciones
supuestamente dolorosas, pero no salió.
Pero a vosotras, a vosotras os ruego que no os enfadéis
pues toda criatura precisa ayuda de todos.

2
Sin embargo, declara haber pagado de inmediato
lo acordado, haberse ceñido aún más la ropa,
también haber bebido aguardiente con pimienta molida,
pero todo ello sólo le produjo un fuerte efecto purgante.
Su cuerpo estaba visiblemente hinchado,
sentía también fuertes dolores, sobre todo al lavar los platos.
Incluso declara que volvió a crecer entonces.
Rezó a la virgen María, llena de esperanza.
También a vosotras, a vosotras os ruego que no os enfadéis
pues toda criatura precisa ayuda de todos.

3
Pero las oraciones, al parecer, no sirvieron de nada.
También era mucho lo que se pedía. Cuando estaba más gruesa

Hab ihr in Frühmetten geschwindelt. Oft hab sie geschwitzt
Auch Angtschweiß, häufig unter dem Altar.
Doch hab den Zustand sie geheim gehalten
Bis die Geburt sie nachher überfiel.
Es sei gegangen, da wohl niemand glaubte
Daß sie, sehr reizlos, in Versuchung fiel.
Und ihr, ich bitte euch, wollt nicht in Zorn verfallen
Denn alle Kreatur braucht Hilf von allen.

4

An diesem Tag, sagt sie, in aller Früh
Ist ihr beim Stiegenwischen so, als krallten
Ihr Nägel in den Bauch. Es schüttelt sie.
Jedoch gelingt es ihr, den Schmerz geheimzuhalten.
Den ganzen Tag, es ist beim Wäschehängen
Zerbricht sie sich den Kopf; dann kommt sie drauf
Daß sie gebären sollte, und es wird ihr
Gleich schwer ums Herz. Erst spät geht sie hinauf.
Doch ihr, ich bitte euch, wollt nicht in Zorn verfallen
Denn alle Kreatur braucht Hilf von allen.

5

Man holte sie noch einmal, als sie lag:
Schnee war gefallen und sie mußte kehren.
Das ging bis elf. Es war ein langer Tag.
Erst in der Nacht konnte sie in Ruhe gebären.
Und sie gebar, so sagt sie, einen Sohn.
Der Sohn war ebenso wie andere Söhne.
Doch sie war nicht so wie die anderen, obschon:
Es liegt kein Grund vor, daß ich sie verhöhne.

se mareaba en las misas del alba. Solían darle sudores,
también sudores de miedo, con frecuencia delante del altar.
Pero mantuvo en secreto su estado
hasta más tarde, cuando el parto le sobreviniese.
Funcionó, porque nadie creía
que ella, tan poco agraciada, cayera en la tentación.
Y a vosotras, a vosotras os ruego que no os enfadéis
pues toda criatura precisa ayuda de todos.

4
Aquel día, declara, muy temprano,
mientras fregaba las escaleras, sintió como
si unas uñas le arañaran el vientre. Sentía sacudidas.
Aun así logró mantener en secreto el dolor.
Todo el día, mientras tendía coladas
se rompió la cabeza; hasta que al fin cayó en la cuenta
de que iba a parir, y de inmediato
se le apesadumbró el corazón. Volvió a casa bastante tarde.
Pero a vosotras, a vosotras os ruego que no os enfadéis
pues toda criatura precisa ayuda de todos.

5
Vinieron a buscarla cuando estaba acostada.
Había nevado y tenía que volver.
Duró hasta las once. Fue un día muy largo.
Hasta la noche no pudo parir con tranquilidad.
Y parió, según declara, un hijo.
El hijo era igual que los demás hijos.
Pero ella no era como las demás,
aunque no hay razón alguna para que yo la ofenda

Auch ihr, ich bitte euch, wollt nicht in Zorn verfallen
Denn alle Kreatur braucht Hilf von allen.

6
So will also weiter denn erzählen
Wie es mit diesem Sohn geworden ist
(Sie wollte davon, sagt sie, nichts verhehlen)
Damit man sieht, wie ich bin und du bist.
Sie sagt, sie sei, nur kurz im Bett, von Übel-
keit stark befallen worden und, allein
Hab sie, nicht wissend was geschehen sollte
Mit Mühe sich bezwungen, nicht zu schrein.
Und ihr, ich bitte euch, wollt nicht in Zorn verfallen
Denn alle Kreatur braucht Hilf von allen.

7
Mit letzter Kraft hab sie, so sagt sie, dann
Da ihre Kammer auch eiskalt gewesen
Sich zum Abort geschleppt und dort auch (wann
Weiß sie nicht mehr) geborn ohn Federlesen
So gegen Morgen. Sie sei, sagt sie
Jetzt ganz verwirrt gewesen, habe dann
Halb schon erstarrt, das Kind kaum halten können
Weil es in den Gesindabort hereinschnein kann.
Auch ihr, ich bitte euch, wollt nicht in Zorn verfallen
Denn alle Kreatur braucht Hilf von allen.

8
Dann zwischen Kammer und Abort, vorher sagt sie
Sei noch gar nichts gewesen, fing das Kind

Tampoco vosotras, vosotras os lo ruego, no os enfadéis
pues toda criatura precisa ayuda de todos.

6
Así que voy a seguir contándoos
qué es lo que sucedió con aquel hijo
(ella, declara, no quería ocultar nada de esto)
para que se vea cómo somos unos y cómo son otros.
Afirma que estuvo poco tiempo en la cama,
que le sobrevino un fuerte malestar, que al estar sola
y sin saber qué iba a suceder
hizo esfuerzos para conseguir no gritar.
Y a vosotras, a vosotras os ruego que no os enfadéis
pues toda criatura precisa ayuda de todos.

7
Con sus últimas fuerzas, según declara, y como
su habitación también estaba helada,
se arrastró hasta el retrete y también allí (cuándo,
ya no lo sabe) parió sin aspavientos
hacia el amanecer. En aquel momento
estaba, afirma, muy desconcertada, se había quedado
ya medio congelada, apenas podía sostener al niño
pues en el retrete del servicio entra la nieve.
Tampoco vosotras, vosotras os lo ruego, no os enfadéis
pues toda criatura precisa ayuda de todos.

8
Entonces entre la habitación y el retrete, –antes afirma
que aún no había pasado nada–, empezó el niño

Zu schreien an, das hab sie so verdrossen, sagt sie
Daß sie's mit beiden Fäusten ohne Aufhörn, blind
So lang geschlagen habe, bis es still war, sagt sie.
Hierauf hab sie das Tote noch gradaus
Zu sich ins Bett genommen für den Rest der Nacht
Und es versteckt am Morgen in dem Wäschehaus.
Doch ihr, ich bitte euch, wollt nicht in Zorn verfallen
Denn alle Kreatur braucht Hilf vor allem.

9
Marie Farrar, geboren im April
Gestorben im Gefängnishaus zu Meißen
Ledige Kindesmutter, abgeurteilt, will
Euch die Gebrechen aller Kreatur erweisen.
Ihr, die ihr gut gebärt in saubern Wochenbetten
Und nennt »gesegnet« euren schwangeren Schoß
Wollt nicht verdammen die verworfnen Schwachen
Denn ihre Sünd war schwer, doch ihr Leid groß.
Darum, ich bitte euch, wollt nicht in Zorn verfallen
Denn alle Kreatur braucht Hilf von allen.

a gritar y aquello la enfadó tanto, afirma,
que lo golpeó sin cesar con ambos puños
ciegamente, hasta que se calló, declara.
Y a continuación se llevó al muerto
y lo metió en la cama con ella el resto de la noche
y por la mañana lo escondió en el lavadero.
Pero vosotras, vosotras os ruego que no os enfadéis
pues toda criatura precisa ayuda de todos.

9
Marie Farrar, nacida en abril,
muerta en la cárcel de Meissen,
madre soltera, condenada, quiere
mostraros los crímenes de cualquier criatura
a vosotras. Vosotras que tenéis buenos partos en camas limpias
y llamáis "bendito" a vuestro vientre preñado,
no condenéis sus reprobables debilidades,
pues su pecado fue grave, pero fue grande su dolor.
Por eso, os lo ruego, no os enfadéis
pues toda criatura precisa ayuda de todos.

Alabama Song

1
Oh, show us the way to the next whisky-bar
Oh, don't ask why, oh, don't ask why
For we must find the next whisky-bar
For if we don't find the next whisky-bar
I tell you we must die! I tell you we must die!
Oh! Moon of Alabama
We now must say good-bye
We've lost our good old mamma
And must have whisky
Oh! You know why.

2
Oh, show us the way to the next pretty girl
Oh, don't ask why, oh, don't ask why
For we must find the next pretty girl
For if we don't find the next pretty girl
I tell you we must die! I tell you we must die!
Oh! Moon of Alabama
We now must say good-bye
We've lost our good old mamma
And must have a girl
Oh! You know why.

3
Oh, show us the way to the next little dollar
Oh, don't ask why, oh, don't ask why

Alabama-Song

1
¡Oh, muéstranos el camino al próximo whisky-bar!
¡Oh, no preguntes por qué, oh, no preguntes por qué!
Pues tenemos que encontrar el próximo whisky-bar,
pues si no encontramos el próximo whisky-bar
¡os digo que moriremos! ¡Os digo que moriremos!
Oh, luna de Alabama
ahora tenemos que decir adiós
Hemos perdido a nuestra buena vieja mama
y hemos de tener whisky
Oh, ya sabéis por qué.

2
¡Oh, muéstranos el camino a la próxima chica guapa!
¡Oh, no preguntes por qué, oh, no preguntes por qué!
Pues tenemos que encontrar a la próxima chica guapa,
pues si no encontramos a la próxima chica guapa
¡os digo que moriremos! ¡Os digo que moriremos!
Oh, luna de Alabama
ahora tenemos que decir adiós
Hemos perdido a nuestra buena vieja mama
y hemos de tener whisky
Oh, ya sabéis por qué.

3
¡Oh, muéstranos el camino al próximo dolarcito!
¡Oh, no preguntes por qué, oh, no preguntes por qué!

For we must find the next little dollar
For if we don't find the next little dollar
I tell ou we must die! I tell you we must die!
Oh! Moon of Alabama
We now must say good-bye
We've lost our good old mamma
And must have dollars
Oh! You know why.

Pues tenemos que encontrar el próximo dolarcito
pues si no encontramos el próximo dolarcito
¡os digo que moriremos! ¡Os digo que moriremos!
Oh, luna de Alabama
ahora tenemos que decir adiós
Hemos perdido a nuestra buena vieja mama
y hemos de tener whisky
Oh, ya sabéis por qué.

Entdeckung an einer jungen Frau

Des Morgens nüchterner Abschied, eine Frau
Kühl zwischen Tür und Angel, kühl besehn
Da sah ich: eine Strähn in ihrem Haar war grau
Ich konnt mich nicht entschließen mehr zu gehn

Stumm nahm ich ihre Brust, und als sie fragte
Warum ich, Nachtgast, nach Verlauf der Nacht
Nicht gehen wolle, denn so war's gedacht
Sah ich sie unumwunden an und sagte

Ist's nur noch eine Nacht, will ich noch bleiben
Doch nütze deine Zeit, das ist das Schlimme
Daß du so zwischen Tür und Angel stehst

Und laß uns die Gespräche rascher treiben
Denn wir vergaßen ganz, daß du vergehst
Und es verschlug Begierde mir die Stimme

Descubrimiento en una mujer joven

Por la mañana en la sobria despedida, una mujer
fría entre puerta y marco, en frío contemplada.
Y vi que una mecha en su pelo era gris;
ya no podía decidir marcharme.

Mudo tomé su pecho, y al preguntarme ella
por qué yo, invitado nocturno, transcurrida la noche
no quería marcharme, pues era lo previsto,
sin ninguna delicadeza la miré y le dije:

sólo una noche más quiero quedarme,
pero aprovecha el tiempo; lo peor que podrías
hacer es quedarte así entre puerta y marco.

Y que sean más breves nuestras conversaciones,
porque hemos olvidado por completo que te vas marchitando.
Y el deseo me quebró la voz.

Die Augsburger Sonette

Sonett Nr. 1. Über Mangel an Bösem

Ich war von Kindheit immer für das Böse
Die Menschheit ist ja haltbar: ohne Wunden
Ging sie dumm grinsend über alle Runden
Mit ihrem Timur: harmloses Getöse!

Öffnet doch eurer Timure Vermächtnis –
Ein Pazifik von Milch für Waisenknaben!
Und ihre Untat wird in Erz gegraben!
Der Ruhm fließt nur aus löchrigem Gedächtnis.

Die Menschheit hat umsonst nach dem geschielt
Der ihr den Kof endlich vom Rumpfe trennte.
Wo blieb er? Ach! Die wenigen Momente

Der Erde: ausgeheilte Narben!
Von drei, vier Timurs so mühsam erzielt
Daß sie vorm Endspurt an Entkräftung starben.

Sonet Nr. 5. Kuh beim Fressen

Sie wiegt die breite Brust an holziger Krippe
Und frißt. Seht, sie zermalmt ein Hälmchen jetzt!
Es schaut noch eine Zeitlang spitz aus ihrer Lippe
Sie malmt es sorgsam, daß sie's nicht zerfetzt.

Los sonetos de Augsburgo

Soneto nº 1. Sobre la escasez del mal

Desde mi infancia siempre estuve a favor del mal;
la humanidad es fuerte: sin heridas
iría con sonrisa tonta hasta la última ronda
con su Tamerlán: ¡estruendo inofensivo!

¡Descorchad, pues, de vuestros testamentos de Tamerlán
un océano de leche para huérfanos!
¡Y sus maldades se enterrarán en minerales!
Sólo de la memoria porosa fluye la fama.

La humanidad ha mirado en vano de reojo a aquél
que acabara por separarle la cabeza del tronco.
¿Dónde estaría? ¡Ay! Los pocos momentos

de la tierra: ¡cicatrices ya curadas!
de tres, cuatro Tamerlanes tan costosamente logrados
que antes del esprint final murieron de debilidad.

Soneto nº 5. Vaca comiendo

Balancea el ancho pecho en el pesebre de madera
y come. Mirad, ¡ahora tritura un tallo!
Durante un tiempo aún sobresale agudo de sus labios,
lo tritura a conciencia, para no desgarrarlo.

Ihr Leib ist dick, ihr trauriges Aug bejahrt;
Gewöhnt des Bösen, zaudert sie beim Kauen
Seit Jahren mit emporgezognen Brauen –
Die wundert's nicht, wenn ihr dazwischenfahrt!

Und während sie sich noch mit Heu versieht
Entzieht ihr einer Milch. Sie duldet stumm
Daß seine Hand an ihrem Euter reißt:

Sie kennt die Hand. Sie schaut nicht einmal um.
Sie will nicht wissen, was mit ihr geschieht
Und nützt die Abendstimmung aus und scheißt.

Sonnett Nr. 11. Vom Genuß der Ehemänner

Ich liebe meine ungetreuen Frauen:
Sie sehn mein Auge starr auf ihrem Becken
Und müssen den gefüllten Schoß vor mir verstecken
(Es macht mir Lust, sie dabei anzuschauen).

Im Mund noch den Geschmack des andern Manns
Ist die gezwungen, mich recht geil zu machen
Mit diesem Mund mich lüstern anzulachen
Im kalten Schoß noch einen andern Schwanz!

Und während ich sie tatenlos betrachte
Essend die Tellerreste ihrer Lust
Erwürgt sie den Geschlechtsschlaf in der Brust

Su cuerpo es grueso, su triste ojo añejo;
acostumbrada al mal, duda mientras mastica
desde hace años con las cejas alzadas.
¡No le sorprende si os entrometéis!

Y mientras sigue aprovisionándose de paja
alguien le extrae la leche. En silencio soporta
que su mano le estire de la ubre:

conoce la mano. Ni se molesta en mirar.
No quiere saber lo que le ocurre
y aprovecha la nocturnidad y caga.

Soneto nº 11. Del placer del esposo

Amo a mis mujeres infieles:
ven mis ojos fijos sobre sus caderas
y tienen que esconder su regazo ante mí
(Me da placer el ver cómo lo hacen).

¡Con el sabor aún de otro hombre en la boca
está obligada a excitarme convenientemente,
a sonreírme lasciva con esa boca,
con otro rabo aún en el frío regazo!

Y mientras la observo inactivo
comiendo los restos del plato de sus ganas
ella estrangula en su pecho el sueño post-coital.

Ich war noch voll davon, als ich die Verse machte!
(Doch wär es eine teure Lust gewesen
Wenn dies Gedicht hier die Geliebten läsen.)

¡Yo estaba aún lleno de él cuando hice estos versos!
(Pero habría resultado un placer caro
si este poema lo hubieran leído los amantes).

Aus dem Lesebuch für Städtebewohner

1

Trenne dich von deinen Kameraden auf dem Bahnhof
Gehe am Morgen in die Stadt mit zugeknöpfter Jacke
Suche dir Quartier und wenn dein Kamerad anklopft:
Öffne, o öffne die Tür nicht
Sondern
Verwisch die Spuren!

Wenn du deinen Eltern begegnest in der Stadt Hamburg oder sonstwo
Gehe an ihnen fremd vorbei, biege um die Ecke, erkenne sie nicht
Zieh den Hut ins Gesicht, den sie dir schenkten
Zeige, o zeige dein Gesicht nicht
Sondern
Verwisch die Spuren!

Iß das Fleisch, das da ist! Spare nicht!
Gehe in jedes Haus, wenn es regnet, und setze dich auf jeden Stuhl, der da ist
Aber bleibe nicht sitzen! Und vergiß deinen Hut nicht!
Ich sage dir:
Verwisch die Spuren!

Was immer du sagst, sag es nicht zweimal
Findest du deinen Gedanken bei einem andern: verleugne ihn.

Del Libro de lectura para ciudadanos

1

Sepárate de tus camaradas en la estación.
Ve por la mañana a la ciudad con la chaqueta abrochada.
Búscate alojamiento y cuando tu camarada llame:
¡No abras, oh, no abras la puerta
sino
borra las huellas!

Cuando te cruces con tus padres en la ciudad de Hamburgo o
    en cualquier otro sitio,
pasa junto a ellos como un extraño, dobla la esquina, no los
    reconozcas,
tápate la cara con el sombrero que ellos te regalaron,
¡no muestres, oh, no muestres tu rostro
sino
borra las huellas!

¡Come la carne que haya! ¡No ahorres!
¡Entra en cualquier casa, cuando llueva, y siéntate en cualquier
    silla que haya allí,
pero no te quedes sentado! ¡Y no olvides tu sombrero!
Te lo digo:
¡borra las huellas!

Lo que siempre dices, no lo digas dos veces.
Si encuentras tus pensamientos en otro, desmiéntelo.

Wer seine Unterschrift nicht gegeben hat, wer kein Bild hinterließ
Wer nicht dabei war, wer nichts gesagt hat
Wie soll der zu fassen sein!
Verwisch die Spuren!

Sorge, wenn du zu sterben gedenkst
Daß kein Grabmal steht und verrät, wo du liegst
Mit einer deutlichen Schrift, die dich anzeigt
Und dem Jahr deines Todes, das dich überführt!
Noch einmal:
Verwisch die Spuren!

(Das wurde mir gesagt.)

5

Ich bin ein Dreck. Von mir
Kann ich nichts verlangen, als
Schwäche, Verrat und Verkommenheit
Aber eines Tages merke ich:
Es wird besser; der Wind
Geht in mein Segel; meine Zeit ist gekommen, ich kann
Besser werden als ein Dreck –
Ich habe sofort angefangen.

Weil ich ein Dreck war, merkte ich
Wenn ich betrunken bin, lege ich mich
Einfach hin und weiß nicht
Wer über mich geht; jetzt trinke ich nicht mehr –
Ich habe es sofort unterlassen.

Quien no haya dado su firma, quien no haya dejado ninguna imagen,
el que no ha estado allí, el que no ha dicho nada
¡a ése cómo van a cogerle!
¡Borra las huellas!

Cuida, cuando pienses en morir,
que no quede tumba alguna que indique dónde yaces
con un claro epitafio que te señale a ti
y el año de tu muerte; ¡que te delate!
Una vez más:
¡Borra las huellas!

(Esto me dijeron.)

5

Soy basura. De mí
no puedo exigir nada,
más que debilidad, traición y perversión
pero un día noto
que esto mejora; el viento
sopla en mi vela; ha llegado mi tiempo,
puedo ser mejor que una basura.
Empecé de inmediato.

Como era una basura, lo noté.
Cuando estoy borracha, me tumbo
simplemente y no sé
quién anda encima de mí; ahora ya no bebo,
lo he dejado inmediatamente.

*Leider mußte ich
Rein um mich am Leben zu erhalten, viel
Tun, was mir schadete; ich habe
Gift gefressen, das vier
Gäule umgebracht hätte, aber ich
Konnte nur so
Am Leben bleiben; so habe ich
Zeitweise gekokst, bis ich aussah
Wie ein Bettlaken ohne Knochen
Da habe ich mich aber im Spiegel gesehen –
Und habe sofort aufgehört.*

*Sie haben natürlich versucht, mir eine Syphilis
Aufzuhängen; aber es ist
Ihnen nicht gelungen; nur vergiften
Konnten sie mich mit Arsen: ich hatte
In meiner Seite Röhren, aus denen
Floß Tag und Nacht Eiter. Wer
Hätte gedacht, daß so eine
Je wieder Männer verrückt macht? –
Ich habe damit sofort wieder angefangen.*

*Ich habe keinen Mann genommen, der nicht
Etwas für mich tat, und jeden
Den ich brauchte. Ich bin
Fast schon ohne Gefühl, beinah nicht mehr naß
Aber
Ich fülle mich immer wieder, es geht auf und ab, aber
Im ganzen mehr auf.*

*Immer noch merke ich, daß ich zu meiner Feindin
Alte Sau sage und sie als Feindin erkenne daran, daß*

Por desgracia, tan sólo
para mantenerme con vida tuve que hacer
muchas cosas que me perjudicaban;
he tragado veneno, suficiente
para matar cuatro caballos, pero yo
sólo así pude
seguir con vida; así también
a veces he esnifado, hasta que se me veía
como una sábana sin huesos
pero entonces me miré en el espejo
y lo dejé de inmediato.

Naturalmente, intentaron pegarme
una sífilis, pero no lo consiguieron;
tan sólo envenenarme
pudieron con arsénico: tuve
en mis costados tubos, de los que
día y noche salía pus.
¿Quién pensaría que una así
enloquecería a los hombres otra vez?
Y volví a empezar con ello de inmediato.

No me tiré a ningún hombre que no
hiciera algo por mí, y me tiré a todos
los que necesité. Casi
no siento nada ya, casi no mojo ya
pero
siempre vuelvo a hartarme, la cosa va a más y a menos,
pero en conjunto a más.

Aún noto que a mi enemiga
le llamo vieja cerda y que la reconozco

Ein Mann sie anschaut.
Aber in einem Jahr
Habe ich es mir abgewöhnt –
Ich habe schon damit angefangen.

Ich bin ein Dreck; aber es müssen
Alle Dinge mir zum besten dienen, ich
Komme herauf, ich bin
Unvermeidlich, das Geschlecht von morgen
Bald schon kein Dreck mehr, sondern
Der harte Mörtel, aus dem
Die Städte gebaut sind.

(Das habe ich eine Frau sagen hören.)

7

Reden Sie nichts von Gefahr!
In einem Tank kommen Sie nicht durch ein Kanalgitter:
Sie müssen schon aussteigen.
Ihren Teekocher lassen Sie am besten liegen
Sie müssen sehen, daß Sie selber durchkommen.

Geld müssen Sie eben haben
Ich frage Sie nicht, wo Sie es hernehmen
Aber ohne Geld brauchen Sie gar nicht abzufahren.
Und hier können Sie nicht bleiben, Mann.
Hier kennt man Sie.
Wenn ich Sie recht verstehe
Wollen Sie doch noch einige Beefsteaks essen
Bevor Sie das Rennen aufgeben!

como enemiga porque la mira un hombre.
Pero en un año
me habré desacostumbrado;
ya he empezado a hacerlo.

Soy basura; pero todo
ha de servirme para bien, yo
subo, soy
inevitable, el sexo de mañana
pronto no será ya basura, sino
la dura argamasa
con la que se construyen las ciudades.

(Esto le oí decir a una mujer).

7

¡No hable de peligro!
En una barcaza no atravesará la verja de un canal:
tendrá que apearse.
Su tetera, mejor la deja tirada.
Tendrá que ver cómo pasa Ud. mismo.

Lo que deberá tener es dinero;
no le pregunto de dónde lo sacará
pero sin dinero no hace falta que empiece.
Y aquí no puede quedarse, hombre.
Aquí se le conoce.
Si le entiendo bien
todavía quiere comer unos cuantos bistecs
antes de abandonar la carrera.

Lassen Sie die Frau, wo sie ist!
Sie hat selber zwei Arme
Außerdem hat sie zwei Beine
(Die Sie nichts mehr angehen, Herr!)
Sehen Sie, daß Sie selber durchkommen!

Wenn Sie noch etwas sagen wollen, dann
Sagen Sie es mir, ich vergesse es.
Sie brauchen jetzt keine Haltung mehr zu bewahren:
Es ist niemand mehr da, der Ihnen zusieht.
Wenn Sie durchkommen
Haben Sie mehr getan als
Wozu ein Mensch verpflichtet ist.

Nichts zu danken.

8

Laßt eure Träume fahren, daß man mit euch
Eine Ausnahme machen wird.
Was eure Mutter euch sagte
Das war unverbindlich.

Laßt euren Kontrakt in der Tasche
Er wird hier nicht eingehalten.

Laßt nur eure Hoffnungen fahren
Daß ihr zu Präsidenten ausersehen seid.
Aber legt euch ordentlich ins Zeug
Ihr müßt euch ganz anders zusammennehmen

¡Deje a la mujer donde está!
Ella tiene sus propios brazos
además también tiene dos piernas
(¡que nada le incumben ya, señor!)
¡Procure sobrevivir Ud. mismo!

Si todavía quiere decir algo, entonces
dígamelo a mí, yo lo olvido.
Ya no tiene que mantener pose alguna:
ya no hay nadie aquí que le observe.
Si sobrevive
habrá hecho más de lo que
una persona está obligada a hacer.

De nada.

8

Dejad que vuelen vuestros sueños, y que con vosotros
se haga una excepción.
Lo que os decía vuestra madre
era sin compromiso.

Dejad vuestro contrato en el bolsillo
aquí no se respetará.

Tan sólo dejad volar vuestras ilusiones
de que estáis predestinados a llegar a presidente.
Pero meteros en faena de verdad;
tendréis que esforzaros mucho más

Daß man euch in der Küche duldet.
Ihr müßt das ABC noch lernen.
Das ABC heißt:
Man wird mit euch fertig werden.

Denkt nur nicht nach, was ihr zu sagen habt:
Ihr werdet nicht gefragt.
Die Esser sind vollzählig
Was hier gebraucht wird, ist Hackfleisch.

Aber das soll euch
Nicht entmutigen!

10

Wenn ich mit dir rede
Kalt und allgemein
Mit den trockensten Wörtern
Ohne dich anzublicken
(Ich erkenne dich scheinbar nicht
In deiner besonderen Artung und Schwierigkeit)

So rede ich doch nur
Wie die Wirklichkeit selber
(Die nüchterne, durch deine besondere Artung unbestechliche
Deiner Schwierigkeit überdrüssige)
Die du mir nicht zu erkennen scheinst.

para que se os acepte en la cocina.
Todavía tenéis que aprender el abc.
El abc dice:
Acabarán con vosotros.

No meditéis lo que tenéis que decir:
nadie os lo preguntará.
Los comensales están al completo
lo que aquí hace falta es carne picada.

¡Pero eso no debe
desanimaros!

10

Cuando hablo contigo
frío y en general
con las palabras más secas,
sin mirarte
(aparentemente ni te reconozco
en tu especial género y dificultad)

hablo tan sólo
como la misma realidad
(la cruda, por tu especial género insobornable,
harta de tu dificultad)
que tú no me pareces reconocer.

Surabaya-Johnny

1
Ich war jung, Gott, erst 16 Jahre
Du kamest von Burma herauf
Und sagtest, ich solle mit Dir gehen
Du kämest für alles auf.
Ich fragte nach Deiner Stellung
Du sagtest: so wahr ich hier steh
du hättest zu tun mit der Eisenbahn
Und nichts zu tun mit der See.
Du sagtest viel, Johnny
Kein Wort war wahr, Johnny
Du hast mich betrogen, Johnny
Ich hasse Dich so, Johnny
Wie Du stehst und grinst
Nimm die Pfeife aus dem Maul, Johnny, Du Hund!
Surabaya-Johnny, warum bist Du so roh?
Surabaya-Johnny, mein Gott, ich liebe Dich so.
Surabaya-Johnny, warum bin ich nicht froh?
Du hast kein Herz, Johnny, und ich liebe Dich so.

2
Zuerst war es immer Sonntag
So lang, bis ich mitging mit Dir.
Aber dann schon nach zwei Wochen
War Dir nichts mehr recht an mir
Hinauf und hinab durch den Pandschab
Den Fluß entlang bis zur See:

Surabaya-Johnny

1
Yo era joven, Dios, tenía sólo dieciséis años,
tú venías de Birmania
y dijiste que debía irme contigo
y que tú correrías con todo.
Pregunté por tu posición,
tú dijiste, tan cierto como que estoy aquí,
que tenías que ver con el ferrocarril
y nada con el mar.
Decías muchas cosas, Johnny,
ni una palabra cierta, Johnny,
me has engañado, Johnny, desde el primer momento,
te odio tanto, Johnny,
cómo te plantas y sonríes, Johnny,
¡quítate la pipa de los morros, cerdo!
Surabaya-Johnny, ¿por qué eres tan bruto?
Surabaya-Johnny, Dios mío, te amo tanto.
Surabaya-Johnny, ¿por qué no soy feliz?
No tienes corazón, Johnny, y te amo tanto.

2
Al principio siempre era domingo,
duró hasta que me fui contigo,
pero después de dos semanas
no había nada en mí que te gustara.
Arriba y abajo por el Punjab,
a lo largo del río hasta el mar;

Ich sehe schon aus im Spiegel
Wie eine Vierzigjährige.
Du wolltest nicht Liebe, Johnny
Du wolltest Geld, Johnny
Ich aber sah, Johnny, nur auf Deinen Mund.
Du verlangtest alles, Johnny
Ich gab Dir mehr, Johnny
Nimm die Pfeife aus dem Maul, Du Hund!
Surabaya-Johnny, warum bist Du so roh?
Surabaya-Johnny, mein Gott, ich liebe Dich so.
Surabaya-Johnny, warum bin ich nicht froh?
Du hast kein Herz, Johnny, und ich liebe Dich so.

3
Ich habe es nicht beachtet
Warum Du den Namen hast
Aber an der ganzen langen Küste
Warst Du ein bekannter Gast.
Eines Morgens in einem Sixpencebett
Werd ich donnern hören die See.
Und Du gehst, ohne etwas zu sagen
Und Dein Schiff liegt unten am Kai.
Du hast kein Herz, Johnny
Du bist ein Schuft, Johnny
Du gehst jetzt weg, Johnny, sag mir den Grund.
Ich liebe Dich doch, Johnny
Wie am ersten Tag, Johnny
Nimm die Pfeife aus dem Maul, Du Hund!
Surabaya-Johnny, warum bist Du so roh?
Surabaya-Johnny, mein Gott, warum lieb ich Dich so
Surabaya-Johnny, warum bin ich nicht froh?
Du hast kein Herz, Johnny, und ich liebe Dich so.

en el espejo tengo ya el aspecto
de una cuarentona.
Tú no querías amor, Johnny,
tú querías dinero, Johnny,
pero yo, Johnny, sólo miraba tu boca.
Exigías todo, Johnny,
yo te di más aún, Johnny,
¡quítate la pipa de los morros, cerdo!
Surabaya-Johnny, ¿por qué eres tan bruto?
Surabaya-Johnny, Dios mío, te amo tanto.
Surabaya-Johnny, ¿por qué no soy feliz?
No tienes corazón, Johnny, y te amo tanto.

3
No había reparado en por qué
tenías ese nombre,
pero a lo largo de toda la costa
eras un huésped conocido.
Una mañana en una cama de seis peniques
oiré rugir el mar
y te irás sin decir nada
y tu barco estará amarrado abajo en el muelle.
No tienes corazón, Johnny,
eres un granuja, Johnny,
ahora te largas, Johnny, dime la razón.
Pero si yo te amo, Johnny,
como el primer día, Johnny,
¡quítate la pipa de los morros, cerdo!
Surabaya-Johnny, ¿por qué eres tan bruto?
Surabaya-Johnny, Dios mío, te amo tanto.
Surabaya-Johnny, ¿por qué no soy feliz?
No tienes corazón, Johnny, y te amo tanto.

Vom Geld

> *Vor dem Taler, Kind, fürchte dich nicht.*
> *Nach dem Taler, Kind sollst du dich sehnen.*
> Wedekind

Ich will dich nicht zur Arbeit verführen.
Der Mensch ist zur Arbeit nicht gemacht.
Aber das Geld, um das sollst du dich rühren!
Das Geld ist gut. Auf das Geld gib acht!

Die Menschen fangen einander mit Schlingen.
Groß ist die Bösheit der Welt.
Darum sollst du dir Geld erringen
Denn größer ist ihre Liebe zum Geld.

Hast du Geld, hängen alle an dir wie Zecken:
Wir kennen dich wie das Sonnenlicht.
Ohne Geld müssen dich deine Kinder verstecken
Und müssen sagen, sie kennen dich nicht.

Hast du Geld, mußt du dich nicht beugen!
Ohne Geld erwirbst du keinen Ruhm.
Das Geld stellt dir die großen Zeugen.
Geld ist Wahrheit. Geld is Heldentum.

Was dein Weib dir sagt, das sollst du ihr glauben.
Aber komme nicht ohne Geld zu ihr:
Ohne Geld wirst du sie deiner berauben
Ohne Geld bleibt bei dir nur das unvernünftige Tier.

Del dinero

> Del doblón, hijo mío, no te asustes.
> El doblón, hijo mío, lo debes anhelar.
> *Wedekind*

Yo no quiero inducirte hacia el trabajo.
No está hecho el hombre para trabajar.
¡Pero por el dinero sí que debes moverte!
El dinero es muy bueno. ¡Haz caso del dinero!

Las personas se cazan unas a otras con lazos.
Es grande la maldad del mundo.
Por eso debes conseguir dinero,
pues mayor es su amor por el dinero.

Si tienes, cuelgan todos de ti cual garrapatas:
"te conocemos como la luz del sol".
Sin dinero tus hijos te tendrán que esconder
y tendrán que decir que ellos ni te conocen.

¡Si posees dinero no tendrás que inclinarte!
Sin dinero no alcanzarás la fama.
El dinero te ofrece los más grandes testigos.
El dinero es verdad. Dinero es heroísmo.

Lo que tu mujer diga, se lo debes creer.
No obstante, sin dinero no te acerques a ella:
sin dinero, a ti mismo te la vas a robar,
animal irracional resultas, sin dinero.

Dem Geld erweisen die Menschen Ehren.
Das Geld wird über Gott gestellt.
Willst du deinem Feind die Ruhe im Grab verwehren
Schreibe auf seinen Stein: Hier ruht Geld.

Al dinero los hombres le tributan honores.
Se valora el dinero por encima de Dios.
Si a tu enemigo quieres molestar en la tumba,
en su lápida escribe: aquí yace dinero.

Der Barbara-Song

Einst glaubte ich, als ich noch unschuldig war
Und das war ich einst grad so wie du –
Natürlich kommt auch zu mir einmal einer
Und dann muß ich wissen, was ich tu.
Und wenn er Geld hat, und wenn er nett ist
Und sein Kragen is auch werktags rein
Und wenn er weiß, was sich bei einer Dame schickt
Dann sage ich ihm: Nein!
Da behält man seinen Kopf oben
Und man bleibt ganz allgemein.
Sicher scheint der Mond die ganze Nacht
Sicher wird das Boot am Ufer festgemacht
Aber weiter kann nichts sein.
Ja, da kann man sich doch nicht nur hinlegen
Ja, da muß man kalt und herzlos sein
Ja, da könnte doch viel geschehen
Ach, da gibt's überhaupt nur: Nein!

Der erste, der kam, war ein Mann aus Kent
Der war, wie ein Mann sein soll.
Der zweite hatte drei Schiffe im Hafen
Und der dritte war nach mir toll.
Und als sie Geld hatten und als sie nett waren
Und ihr Kragen war auch werktags rein
Und als sie wußten, was sich bei einer Dame schickt
Da sagte ich ihnen: Nein.
Da behielt ich meinen Kopf oben

La canción de Bárbara

Hubo un tiempo en que creía —cuando aún era inocente,
y lo fui hace tiempo igual que tú—:
quizás también me llegue uno a mí alguna vez
y entonces tengo que saber qué hacer.
Y si tiene dinero, y si es amable
y su cuello está limpio también entre semana
y si sabe lo que le corresponde a una señora
entonces diré «No».
Hay que mantener la cabeza bien alta
y quedarse como si no pasara nada.
Seguro que la luna brilló toda la noche,
seguro que la barca se desató de la orilla,
pero nada más pudo suceder.
Sí, no puede una tumbarse simplemente,
sí, hay que ser fría y sin corazón.
Sí, tantas cosas podrían suceder,
ay, la única respuesta posible: ¡No!

El primero que vino fue un hombre de Kent
que era como un hombre debe ser.
El segundo tenía tres barcos en el puerto
y el tercero estaba loco por mí.
Y al tener dinero, y al ser amables
y al llevar los cuellos limpios incluso entre semana
y al saber lo que le corresponde a una señora,
les dije a todos: «No».
Mantuve la cabeza bien alta

Und ich blieb ganz allgemein.
Sicher schien der Mond die ganze Nacht
Sicher war das Boot am Ufer festgemacht
Aber weiter konnte nichts sein.
Ja, da kann man sich doch nicht nur hinlegen
Ja, da mußt ich kalt und herzlos sein.
Ja, da konnte doch viel geschehen
Ach, da gab's überhaupt nur: Nein!

Jedoch eines Tags, und der Tag war blau
Kam einer, der mich nicht bat.
Und er hängte seinen Hut an den Nagel in meiner Kammer
Und ich wußte nicht mehr, was ich tat.
Und als er kein Geld hatte, und als er nicht nett war
Und sein Kragen war auch am Sonntag nicht rein
Und als er nicht wußte, was sich bei einer Dame schickt
Zu ihm sagte ich nicht: Nein.
Da behielt ich meinem Kopf nicht oben
Und ich blieb nicht allgemein.
Ach, es schien der Mond die ganze Nacht
Ach, es ward das Boot vom Ufer losgemacht
Und es konnte gar nicht anders sein.
Ja, da muß man sich doch einfach hinlegen
Ach, da kann man doch nicht kalt und herzlos sein.
Ach, da mußte so viel geschehen
Ja, da gab's überhaupt kein Nein!

y me quedé como si no pasara nada.
Seguro que la luna brilló toda la noche,
seguro que la barca se desató de la orilla,
pero nada más pudo suceder.
Sí, no puede una tumbarse simplemente,
sí, hay que ser fría y sin corazón.
Sí, tantas cosas podrían suceder,
ay, la única respuesta posible: ¡No!

Sin embargo un buen día, y era un día azul,
llegó uno que no me rogó
y colgó su sombrero en un clavo en mi cuarto
y yo ya no sabía lo que hacía.
Y aunque no tenía dinero, y aunque no era amable
ni su cuello estaba limpio ni siquiera el domingo
ni sabía lo que le corresponde a una señora,
a él no le dije «No».
No mantuve la cabeza bien alta
y no me quedé como si no pasara nada.
Ay, la luna brilló toda la noche,
y la barca permaneció amarrada a la orilla,
¡y no pudo ser de otra forma!
Sí, no hay más que tumbarse simplemente,
sí, no puede una permanecer fría ni carecer de corazón.
Ay, tuvieron que pasar tantas cosas,
sí, no pudo haber ningún ¡No!

Die Seeräuberjenny

Meine Herrn, heute sehn Sie mich Gläser abwaschen
Und ich mache das Bett für jeden
Und Sie geben mir einen Penny und ich bedanke mich schnell
Und Sie sehen meine Lumpen und dies lumpige Hotel
Und Sie wissen nicht, mit wem Sie reden.
Aber eines Abends wird ein Geschrei sein am Hafen
Und mag fragt: »Was ist das für ein Geschrei?«
Und man wird mich lächeln sehn bei meinen Gläsern
Und man sagt: »Was lächelt die dabei?«
Und ein Schiff mit acht Segeln
Und mit fünfzig Kanonen
Wird liegen am Kai.

Man sagt: »Geh, wisch deine Gläser, mein Kind«
Und man reicht mir den Penny hin
Und der Penny wird genommen und das Bett wird gemacht
Es wird keiner mehr drin schlafen in dieser Nacht
Und sie wissen immer noch nicht, wer ich bin.
Aber eines Abends wird ein Getös sein am Hafen
Und man fragt: »Was ist das für ein Getös?«
Und man wird mich stehen sehn hinterm Fenster
Und man fragt: »Was lächelt die so bös?«
Und das Schiff mit acht Segeln
Und mit fünfzig Kanonen
Wird beschießen die Stadt.

Jenny la pirata

Señores, hoy me ven fregando los vasos
y les hago la cama a todos
y me dan un penique y me apresuro a dar las gracias
y ven mis harapos y esta fonda andrajosa
y no saben Vds. con quién están hablando.
Pero una noche habrá en el puerto un griterío
y se preguntarán: "¿Qué griterío es ése?"
Y me verán sonreír entre mis vasos
y se dirán: "¿De qué sonríe ésa?"
Y un barco de ocho velas
y cincuenta cañones
al muelle atracará.

Dicen: "¡Anda, lava tus vasos, hija!"
y me dan un penique
y yo cojo el penique y les hago la cama,
pero esa noche ya nadie dormirá en ella.
Y aún no saben Vds. quién soy yo.
Pero una noche habrá un estruendo en el puerto
y se preguntarán: "¿Pero qué estruendo es ése?"
Y me verán plantada en la ventana
Y se preguntarán: "¿Por qué sonríe ésa con tan mala leche?"
Y un barco de ocho velas
y cincuenta cañones
bombardeará la ciudad

Meine Herren, da wird wohl ihr Lachen aufhörn
Denn die Mauern werden fallen hin
Und die Stadt wird gemacht dem Erdboden gleich
Nur ein lumpiges Hotel wird verschont von jedem Streich
Und man fragt: »Wer wohnt Besonderer darin?«
Und in dieser Nacht wird ein Geschrei um das Hotel sein
Und man fragt: »Warum wird das Hotel verschont?«
Und man wird mich sehen treten aus der Tür gen Morgen
Und man sagt: »Die hat darin gewohnt?«
Und das Schiff mit acht Segeln
Und mit fünfzig Kanonen
Wird beflaggen den Mast.

Und es werden kommen Hundert gen Mittag an Land
Und werden in den Schatten treten
Und fangen einen jeglichen aus jeglicher Tür
Und legen in Ketten und bringen zu mir
Und fragen: »Welchen sollen wir töten?«
Und an diesem Mittag wird es still sein am Hafen
Wenn man fragt, wer wohl sterben muß
Und dann werden sie mich sagen hören: »Alle!«
Und wenn dann der Kopf fällt, sag ich: »Hoppla!«
Und das Schiff mit acht Segeln
Und mit fünfzig Kanonen
Wird entschwinden mit mir.

Señores míos, entonces se acabará su risa
pues caerán los muros
y la ciudad será arrasada;
sólo una andrajosa fonda se librará de cualquier golpe
y se preguntarán: "¿Qué ser extraordinario vive ahí?"
Y esa noche habrá un griterío en torno a la fonda
y se preguntarán: "¿Por qué a esa fonda la perdonan?"
Y me verán salir por la puerta de mañana
y se dirán: "¿Ésa es la que vivía ahí?"
Y un barco de ocho velas
y cincuenta cañones
empavesará el mástil.

Y a mediodía desembarcarán cien hombres
y avanzarán por la sombra
e irán cogiendo a todos puerta a puerta
y los encadenarán y los traerán ante mí
y preguntarán: "¿A quién debemos matar?"
Y ese mediodía estará muy tranquilo el puerto
cuando pregunten quién tiene que morir
y entonces me oirán decir: "¡Todos!"
Y luego cuando caiga la cabeza, yo diré: "¡Hoppla!"
Y un barco de ocho velas
y cincuenta cañones
conmigo zarpará.

Lied der Jenny

Meine Herrn, meine Mutter prägte
Auf mich ein schlimmes Wort
Das Kind wird enden im Schauhaus
Oder an einem noch schlimmeren Ort.
Ja, so ein Wort, das ist leicht gesagt
Aber ich sage euch, daraus
Wird nichts
Das könnt ihr nicht machen
Mit mir
Was aus mir noch wird, das
Werden wir sehen
Ein Mensch ist kein Tier.
Aber ich sage euch, daraus
Wird nichts
Das könnt ihr nicht machen
Mit mir
Was aus mir noch wird, das
Werden wir sehen
Ein Mensch ist kein Tier.
Denn wie man sich bettet, so liegt man
Es deckt einen keiner da zu
Und wenn einer tritt, dann bin ich es
Und wird einer getreten, dann bist's du.

Meine Herrn, mein Freund, der sagte
Mir damals ins Gesicht
Das Größte auf Erden ist Liebe

La canción de Jenny

Señores míos, mi madre acuñó
para mí una frase fea:
"esta niña acabará en la morgue
o en algún sitio aún peor".
Sí, una frase así se dice muy fácil.
Pero yo os digo, de eso
nada,
eso no podéis hacerlo
conmigo;
lo que todavía será de mí, eso
ya lo veremos;
una persona no es un animal.
Pero yo os digo, de eso
nada,
eso no podéis hacerlo
conmigo;
lo que todavía será de mí, eso
ya lo veremos;
una persona no es un animal.
Pues como te metes en cama, así te acuestas
y nadie viene a arroparte
y si alguien da patadas, ésa soy yo
y si a alguien le dan patadas, ése serás tú.

Señores míos, mi amigo me decía
entonces a la cara:
lo más grande en la tierra es el amor

An morgen denkt man da nicht.
Ja Liebe, das ist leicht gesagt
Aber solang der Mensch jeden Tag älter wird
Und nicht jünger
Ist Liebe Dreck
Da wird man nicht nach Liebe gefragt
Da muß man seine Zeit benützen
Sonst schwimmt einem eben alles weg.
Aber ich sage euch, daraus
Wird nichts
Das könnt ihr nicht machen
Mit mir
Was aus mir noch wird, das
Werden wir sehen
Ein Mensch ist kein Tier.
Aber ich sage euch, daraus
Wird nichts
Das könnt ihr nicht machen
Mit mir
Was aus mir noch wird, das
Werden wir sehen
Ein Mensch ist kein Tier.
Denn wie man sich bettet, so liegt man
Es deckt einen keiner da zu
Und wenn einer tritt, dann bin ich es
Und wird einer getreten, dann bist's du.

Ich kann nicht mit dir rumgehn, Jimmy
Ja Jimmy, es tut mir leid
Du bist mir noch der Liebste, aber
Du stiehlst mir meine Zeit

y no se piensa en el mañana.
Sí, amor se dice muy fácil
pero mientras la persona envejece cada día
y no rejuvenece
el amor es basura,
nadie te pregunta por el amor,
hay que aprovechar el tiempo,
si no, todo se te escapa.
Pero yo os digo, de eso
nada,
eso no podéis hacerlo
conmigo;
lo que todavía será de mí, eso
ya lo veremos;
una persona no es un animal.
Pero yo os digo, de eso
nada,
eso no podéis hacerlo
conmigo;
lo que todavía será de mí, eso
ya lo veremos;
una persona no es un animal.
Pues como te metes en cama, así te acuestas
y nadie viene a arroparte
y si alguien da patadas, ésa soy yo
y si a alguien le dan patadas, ése serás tú.

No puedo ir por ahí contigo, Jimmy,
Sí Jimmy, lo siento,
eres aún lo que más quiero,
pero robas mi tiempo,

Ich muß die kurze Zeit benützen
Jimmy
Sonst schwimmt mir alles weg
Ich habe nur eine Jugend und
Die langt nicht
Weißt du, Jimmy
Ich bin ein Dreck.
Ach Jimmy, meine Mutter prägte
Auf mich ein schlimmes Wort
Ich würde enden im Schauhaus
Oder an einem noch schlimmeren Ort.
Aber ich sage euch, daraus
Wird nichts
Das könnt ihr nicht machen
Mit mir
Was aus mir noch wird, das
Werden wir sehen
Ein Mensch ist kein Tier.
Aber ich sage euch, daraus
Wird nichts
Das könnt ihr nicht machen
Mit mir
Was aus mir noch wird, das
Werden wir sehen
Ein Mensch ist kein Tier.
Denn wie man sich bettet, so liegt man
Es deckt einen keiner da zu
Und wenn einer tritt, dann bin ich es
Und wird einer getreten, dann bist's du.

tengo que aprovechar mi corto tiempo,
Jimmy,
si no, todo se me escapa a toda prisa,
tan sólo tengo una juventud
y ésa no es suficiente;
¿sabes, Jimmy?
soy una basura.
Ay Jimmy, mi madre acuñó
para mí una frase fea:
que yo acabaría en la morgue
o en algún sitio aún peor.
Pero yo os digo, de eso
nada,
eso no podéis hacerlo
conmigo;
lo que todavía será de mí, eso
ya lo veremos;
una persona no es un animal.
Pero yo os digo, de eso
nada,
eso no podéis hacerlo
conmigo;
lo que todavía será de mí, eso
ya lo veremos;
una persona no es un animal.
Pues como te metes en cama, así te acuestas
y nadie viene a arroparte
y si alguien da patadas, ésa soy yo
y si a alguien le dan patadas, ése serás tú.

700 Intellektuelle beten einen Öltank an

1
Ohne Einladung
Sind wir gekommen
700 (und viele sind noch unterwegs)
Überall her, wo kein Wind mehr weht
Von den Mühlen, die langsam mahlen, und
Von den Öfen, hinter denen es heißt
Daß kein Hund mehr vorkommt.

2
Und haben dich gesehen
Plötzlich über Nacht
Öltank.

3
Gestern warst du noch nicht da
Aber heute
Bist nur du mehr.

4
Eilet herbei, alle!
Die ihr absägt den Ast, auf dem ihr sitzet
Werktätige!
Gott ist wiedergekommen
In Gestalt eines Öltanks.

700 intelectuales le rezan a un tanque de petróleo

1
Sin invitación
hemos venido
setecientos (y muchos están aún de camino)
de todas partes, donde ningún viento sopla ya,
de los molinos, que muelen lentos, y
de las estufas, detrás, se dice, de las cuales
ningún perro sale ya.

2
Y te hemos visto
de pronto en la noche,
tanque de petróleo.

3
Ayer aún no estabas ahí
pero hoy
ya sólo estás tú.

4
¡Acercáos todos,
los que cortáis la rama en la que os sentáis,
trabajadores!
Dios ha vuelto a venir
en forma de tanque de petróleo.

5
Du Häßlicher
Du bist der Schönste!
Tue uns Gewalt an
Du Sachlicher!
Lösche aus unser Ich!
Mache uns kollektiv!
Denn nicht, wie wir wollen:
Sondern, wie du willst.

6
Du bist nicht gemacht aus Elfenbein
Und Ebenholz, sondern aus
Eisen.
Herrlich! Herrlich! Herrlich!
Du Unscheinbarer!

7
Du bist kein Unsichtbarer
Nicht unendlich bist du!
Sondern sieben Meter hoch.
In dir ist kein Geheimnis
Sondern Öl.
Und du verfährst mit uns
Nicht nach Gutdünken noch unerforschlich
Sondern nach Berechnung.

8
Was ist für dich ein Gras?
Du sitzest darauf.

5
¡Tú, feísimo,
tú eres el más bello!
¡Violéntanos
tú, objetivo!
¡Extingue nuestro Yo!
¡Haznos colectivos!
Pues no se haga nuestra voluntad,
sino la Tuya.

6
Tú no estás hecho de marfil
ni ébano, sino de
hierro.
¡Soberbio! ¡Soberbio! ¡Soberbio!
¡Tú, inaparente!

7
¡Tú no eres invisible,
ni tampoco infinito!
Sino de siete metros de altura.
En ti no hay secreto alguno,
sino petróleo.
Y tú nos tratas,
no según un capricho aún insondable,
sino según cálculo.

8
¿Qué es para ti una hierba?
Tú te instalas encima.

Wo ehedem ein Gras war
Da sitzest jetzt du, Öltank!
Und vor dir ist ein Gefühl
Nichts.

9
Darum erhöre uns
Und erlöse uns von dem Übel des Geistes.
Im Namen der Elektrifizierung
Des Fortschritts und der Statistik!

Donde antaño hubo hierba,
¡ahí te encuentras ahora tú, tanque de petróleo!
Y ante ti hay un sentimiento
de nada.

9

Por ello, escúchanos
y líbranos del mal del espíritu.
¡En el nombre de la electrificación
la cadena de montaje y la estadística!

Ballade vom angenehmen Leben

Ihr Herrn, urteilt jetzt selbst: ist das ein Leben?
Ich finde nicht Geschmack an alledem
Als kleines Kind schon hörte ich mit Beben:
Nur wer im Wohlstand lebt, lebt angenehm.

Da preist man uns das Leben großer Geister
Das lebt mit einem Buch und nichts im Magen
In einer Hütte, daran Ratten nagen.
Mir bleibe man vom Leib mit solchem Kleister!
Das simple Leben lebe, wer da mag!
Ich habe (unter uns) genug davon

Kein Vögelchen, von hier bis Babylon
Vertrüge diese Kost nur einen Tag.
Was hilft da Freiheit, es ist nicht bequem
Nur wer im Wohlstand lebt, lebt angenehm.

Die Abenteurer mit dem kühnen Wesen
Und ihrer Gier, die Haut zu Markt zu tragen
Die stets so frei sind und die Wahrheit sagen
Damit die Spießer etwas Kühnes lesen
Wenn man sie sieht, wie das am Abend friert
Mit kalter Gattin stumm zu Bette geht
Und horcht, ob niemand klascht und nichts versteht
Und trostlos in das Jahr fünftausend stiert –
Jetzt frag ich Sie nur noch: ist das bequem?
Nur wer im Wohlstand lebt, lebt angenehm.

Balada de la vida agradable

Señores, ahora juzguen Uds. mismos: ¿es esto vida?
No le encuentro el sabor a todo esto;
ya de pequeño oía con estremecimiento:
sólo quien vive en la abundancia vive a gusto.

Se nos alaba la vida de los grandes espíritus
que viven con un libro y nada en el estómago
en una choza en la que roen las ratas.
¡A mí ni te me acerques con esas tonterías!
¡La vida simple, vívala quien quiera!
Yo (entre nosotros) ya tengo bastante.

Ningún pajarito de aquí a Babilonia
aguantaría esta dieta ni un solo día.
De qué te sirve la libertad; no es nada cómodo:
sólo quien vive en la abundancia vive a gusto.

Los aventureros con su atrevido ser
y sus ansias por llevar su piel al mercado,
los que siempre son tan libres y dicen la verdad
para que los cursis lean algo atrevido,
cuando los ves, cuando refresca por la noche,
con fría esposa en silencio van a la cama
y, escucha, si alguien aplaude y nada entiende
y sin consuelo mira hacia el año cinco mil,
ahora sólo les pregunto: ¿es eso cómodo?
Sólo quien vive en la abundancia vive a gusto.

Ich selber könnte mich durchaus begreifen
Wenn ich mich lieber groß und einsam sähe
Doch sah ich solche Leute aus der Nähe
Da sagt ich mir: das mußt du dir verkneifen.
Armut bringt außer Weisheit auch Verdruß
Und Kühnheit außer Ruhm auch bittre Mühn.
Jetzt warst du arm und einsam, weis und kühn
Jetzt machst du mit der Größe aber Schluß.
Dann löst sich ganz von selbst das Glücksproblem:
Nur wer im Wohlstand lebt, lebt angenehm.

Yo mismo todavía me comprendería
si prefiriera verme grande y solitario,
pero vi a tales personas desde cerca
y me dije: eso tendrás que reprimírtelo.
La pobreza trae además de sabiduría también disgustos
y el valor además de la fama también amargos esfuerzos.
Hasta ahora eras pobre y estabas solo, y eras sabio y valiente,
pero desde ahora tienes que acabar con la grandeza.
Entonces por sí mismo se resuelve el problema de la suerte:
sólo quien vive en la abundancia vive a gusto.

Ballade von der Unzulänglichkeit menschlichen Planens

Der Mensch lebt durch den Kopf.
Sein Kopf reicht ihm nicht aus.
Versuch es nur, von deinem Kopf
Lebt höchstens eine Laus.
Denn für dieses Leben
Ist der Mensch nicht schlau genug.
Niemals merkt er eben
Diesen Lug und Trug.

Ja, mach nur einen Plan!
Sei nur ein großes Licht!
Und mach dann noch 'nen zweiten Plan
Gehn tun sie beide nicht.
Denn für dieses Leben
Ist der Mensch nicht schlecht genug.
Doch sein höhres Streben
Ist ein schöner Zug.

Ja, renn nur nach dem Glück
Doch renne nicht zu sehr
Denn alle rennen nach dem Glück
Das Glück rennt hinterher.
Denn für dieses Leben
Ist der Mensch nicht anspruchslos genug.
Drum ist all sein Streben
Nur ein Selbstbetrug.

Balada de la ineficacia de la planificación humana

El hombre vive por su cabeza.
Su cabeza no le basta.
Inténtalo, de tu cabeza
vive como mucho un piojo.
Pues para esta vida
el hombre no es lo bastante listo.
Que nunca se da cuenta
de esta mentira y este engaño.

¡Sí, tú, ponte a hacer planes!
¡Llegar a ser una gran lumbrera!
Y luego te haces un segundo plan;
ninguno de los dos funciona.
Pues para esta vida
el hombre no es lo bastante malo.
Aunque su alta ambición
sea un hermoso gesto.

Sí, corre tras la suerte,
pero no corras demasiado,
pues todos corren tras la suerte
y la suerte tras ellos.
Pues para esta vida
el hombre no es lo bastante modesto.
Por eso toda su ambición
es sólo un autoengaño.

Der Mensch ist gar nicht gut
Drum hau ihm auf den Hut.
Hast du ihm auf den Hut gehaun
Dann wird er vielleicht gut.
Denn für dieses Leben
Ist der Mensch nicht gut genug
Darum haut ihm eben
Ruhig auf den Hut!

No es nada bueno el hombre,
así que arréale un capón;
porque si se lo arreas
quizás se vuelva bueno.
Pues para esta vida
el hombre no es lo bastante bueno;
¡arreadle por eso
con calma un buen capón!

Die Ballade von den Prominenten

Ihr saht den weisen Salomon
Ihr wißt, was aus ihm wurd
Dem Mann war alles sonnenklar
Er verfluchte die Stunde seiner Geburt
Er sah, daß alles eitel war.
Wie groß und weis war Salomon
Und seht, da war es noch nicht Nacht
Da sah die Welt die Folgen schon:
Die Weisheit hatte ihn so weit gebracht.
Beneidenswert, wer frei davon!

Ihr saht die schöne Kleopatra
Ihr wißt, was aus ihr wurd
Zwei Kaiser fielen ihr zum Raub
Da hat sie sich zu Tod gehurt
Und welkte hin und wurde Staub.
Wie schön und groß war Babylon
Und seht, da war es noch nicht Nacht
Da sah die Welt die Folgen schon:
Die Schönheit hatte sie so weit gebracht.
Beneidenswert, wer frei davon!

Ihr saht den kühnen Cäsar dann
Ihr wißt, was aus ihm wurd
Der saß wie'n Gott auf 'nem Altar
Und wurde ermordet, wie ihr erfuhrt
Und zwar, als er am größten war.

La balada de los famosos

Visteis al sabio Salomón.
Sabéis lo que fue de él:
tenía todo tan claro como el sol;
maldecía la hora en que nació;
veía que todo era orgullo.
Qué grande y sabio fue Salomón
y mirad, aún no era de noche
y el mundo veía ya las consecuencias:
tan lejos le había llevado la sabiduría.
¡Es de envidiar quien de ella libre esté!

Visteis a la bella Cleopatra.
Sabéis lo que fue de ella:
dos emperadores quisieron darle caza,
se emputeció hasta la muerte,
se marchitó y se hizo polvo.
Qué bella y grande fue Babilonia
y mirad, aún no era de noche
y el mundo veía ya las consecuencias:
tan lejos le había llevado la belleza.
¡Es de envidiar quien libre de ella esté!

Visteis al valiente César luego.
Sabéis lo que fue de él:
que se sentaba como un Dios sobre un altar
y fue asesinado, como bien sabéis
justo cuando mayor era su grandeza.

Wie schrie der laut: Auch du, mein Sohn!
Denn seht, da war es noch nicht Nacht
Da sah die Welt sein Ende schon:
Die Kühnheit hatte ihn so weit gebracht.
Beneidenswert, wer frei davon!

Und jetzt seht ihr Macheath und mich
Gott weiß, was aus uns wird!
So groß war unsere Leidenschaft
Wo haben wir uns hin verirrt
Daß man ihn jetzt zum Galgen schafft!
Da seht jetzt unserer Sünde Lohn
Denn seht, jetzt ist es noch nicht Nacht
Da seht ihr unser Ende schon:
Die Leidenschaft hat uns soweit gebracht.
Beneidenswert, wer frei davon!

Cómo gritó muy fuerte: ¡Tú también, hijo mío!
pues mirad, aún no era de noche
y el mundo ya veía su final:
tan lejos le había llevado su valor.
¡Es de envidiar quien libre de él esté!

Y ahora nos veis a Macheath y a mí
¡Dios sabe qué será de nosotros!
Tan grande fue nuestra pasión,
¡en qué nos hemos equivocado
para que ahora lo arrastren a la horca!
Ved ahí el pago de nuestros pecados,
pues ved, ahora aún no es de noche
y ya veis nuestro final:
tan lejos nos ha llevado la pasión.
¡Es de envidiar quien libre de ella esté!

Die Moritat von Mackie Messer

Und der Haifisch, der hat Zähne
Und die trägt er im Gesicht
Und Macheath, der hat ein Messer
Doch das Messer sieht man nicht.

Und es sind des Haifischs Flossen
Rot, wenn dieser Blut vergießt
Mackie Messer trägt 'nen Handschuh
Drauf man keine Untat liest.

An der Themse grünem Wasser
Fallen plötzlich Leute um
Es ist weder Pest noch Cholera
Doch es heißt: Mackie geht um.

An 'nem schönen blauen Sonntag
Liegt ein toter Mann am Strand
Und ein Mensch geht um die Ecke
Den man Mackie Messer nennt.

Und Schmul Meier bleibt verschwunden
Und so mancher reiche Mann
Und sein Geld hat Mackie Messer
Dem man nichts beweisen kann.

Jenny Towler ward gefunden
Mit 'nem Messer in der Brust

La escabechina de Mackie Messer

El tiburón tiene dientes
y en el hocico los lleva;
Macheath tiene una navaja
pero nadie puede verla.

Del tiburón las aletas
enrojecen con la sangre;
Mackie Messer lleva guantes
y del crimen no hay señales.

Al agua verde del Támesis
arrojan de pronto gente;
no hay peste, tampoco cólera,
sólo Mackie está presente.

Un lindo domingo azul
yace un muerto en la ribera
y alguien, tal vez Mackie Messer,
a la esquina da la vuelta.

Desapareció Schmul Meier
como muchos otros ricos;
tiene Mackie su dinero
pero ¿quién prueba el delito?

Jenny Towler fue encontrada
con un cuchillo en el pecho;

Und am Kai geht Mackie Messer
Der von allem nichts gewußt.

Wo ist Alfons gleich, der Fuhrherr?
Kommt das je ans Sonnenlicht?
Wer es immer wissen könnte
Mackie Messer weiß es nicht.

Und das große Feuer in Soho
Sieben Kinder und ein Greis
In der Menge Mackie Messer, den
Man nichts fragt, und der nichts weiß.

Und die minderjähr'ge Witwe
Deren Namen jeder weiß
Wachte auf und war geschändet
Mackie welches war dein Preis?

en el muelle Mackie Messser,
que no sabe nada de ello.

Y de Alfonso, el conductor,
¿cuándo dirán algo cierto?
Nada sabe Mackie Messer
de quién podría saberlo.

Y el gran incendio en el Soho,
siete niños y un viejales.
Mackie Messer lo contempla,
nada ha visto, nada sabe.

La viuda menor de edad
cuyo nombre conocemos,
despertó ya deshonrada:
Mackie, di, ¿cuál fue tu precio?

Liebeslied

»Siehst du den Mond über Soho?«
»ich sehe ihn, Lieber
Fühlst du mein Herz schlagen, Geliebter?«
»Ich fühle es, Geliebte.«
»Wo du hingehst, da will ich auch hingehn.«
»Und wo du bleibst, da will ich auch sein.
Und gibt es kein Schriftstück vor dem Standesamt
Und keine Lichter auf dem Altar
Und weiß ich auch nicht, woher dein Brautkleid stammt
Und ist keine Myrte im Haar.
Der Teller, von welchem du ißt dein Brot
Schau ihn nicht lang an, wirf ihn fort!
Die Liebe dauert oder dauert nicht
An dem oder jenem Ort.«

Canción de amor

"¿Ves la luna sobre el Soho?"
"La veo, querido.
¿Sientes latir mi corazón, amado?"
"Lo siento, amada"
"Adonde vayas, allí también quiero ir yo."
"Y donde te quedes, allí quiero también estar.
Y aunque no haya ningún papel ante el juzgado
y ninguna vela ante el altar
y aunque tampoco sepa de dónde salió tu vestido de novia
y aunque no lleves mirto en el pelo.
El plato del que comes tu pan
no lo mires mucho rato, ¡tíralo!
El amor dura o no dura
en éste o en aquel lugar."

Schlußchoral

»*Verfolgt das Unrecht nicht zu sehr. In Bälde
Erfriert es schon von selbst, denn es ist kalt.
Bedenkt das Dunkel und die große Kälte
In diesem Tale, das von Jammer schallt.*«

Coral final

"No persigáis demasiado la injusticia. Pronto
se congelará ella sola, pues hace frío.
Reflexionad sobre la oscuridad y el gran frío
en este valle, que de lamentos resuena."

Terzinen über die Liebe

Sieh jene Kraniche in großem Bogen!
Die Wolken, welche ihnen beigegeben
Zogen mit ihnen schon, als sie entflogen

Aus einem Leben in ein andres Leben.
In gleicher Höhe und mit gleicher Eile
Scheinen sie alle beide nur daneben.

Daß also keines länger hier verweile
Daß so der Kranich mit der Wolke teile
Den schönen Himmel, den sie kurz befliegen

Und keines andres sehe als das Wiegen
Des andern in dem Wind, den beide spüren
Die jetzt im Fluge beieinander liegen.

So mag der Wind sie in das Nichts entführen:
Wenn sie nur nicht vergehen und sich bleiben
So lange kann sie beide nichts berühren

So lange kann man sie von jedem Ort vertreiben
Wo Regen drohen oder Schüsse schallen.
So unter Sonn und Monds wenig verschiedenen Scheiben

Fliegen sie hin, einander ganz verfallen.

Tercetos sobre el amor

¡Mira aquellas grullas formando un amplio arco!
Las nubes que les acompañan
ya se fueron con ellas cuando huían

de una vida a otra vida.
A la misma altura y con la misma prisa
ambas aparentan estar unas junto a las otras.

Que la grulla con la nube comparta así
el hermoso cielo que por breve tiempo surcan,
que por consiguiente ninguna permanezca aquí más tiempo,

y que no vea más que el balanceo
de la otra en el viento, que ambas sientan
que ahora van juntas en su vuelo.

Aunque el viento quisiera raptarlas hacia la nada,
sólo si no perecen y se demoran
durante ese tiempo nada podrá tocarlas,

durante ese tiempo se las puede expulsar de cualquier sitio
donde amenacen lluvias o resuenen disparos.
Así bajo los discos poco diferenciados de la luna y el sol

siguen volando, a merced por completo las unas de las otras.

Wohin, ihr?
　　　　Nirgendhin.

Von wem entfernt?
　　　　　Von allen.

Ihr fragt, wie lange sind sie schon beisammen?
Seit kurzem.
　　　　Und wann werden sie sich trennen?
　　　　　　　　　　　　　　Bald.
So scheint die Liebe Liebenden ein Halt.

¿A dónde vais?
                Hacia ningún lugar.

¿De quién huís?
                De todos.

Preguntáis ¿cuánto tiempo llevan juntas?
Desde hace poco.
                ¿Y cuándo se separarán?
                            Muy pronto.
Así también el amor a los amantes les parece un apoyo.

Zuhälterballade

In einer Zeit, die jetzt vergangen ist
Lebten wir schon zusammen: sie und ich.
Und zwar von meinem Kopf und ihrem Bauch:
Ich schützte sie und sie ernährte mich.
Es geht auch anders, doch so geht's auch.
Und wenn ein Freier kam, kroch ich aus unserm Bett
Und drückte mich zu'n Kirsch und war sehr nett
Und wenn er blechte, sprach ich zu ihm: »Herr
Wenn Sie mal wieder wollen – bitte sehr.«
So hielten wir's ein gutes halbes Jahr
In dem Bordell, wo unser Haushalt war.

In jener Zeit, die jetzt vergangen ist
Hat er mich manches liebe Mal gestemmt.
Nur wenn kein Zaster war, hat er mich angehaucht
Da hieß es gleich: »Du, ich versetz dein Hemd!
Ein Hemd, ganz gut, doch ohne geht es auch!«
Da wurd ich aber tückisch, ja, na weißte
Ich fragt ihn manchmal direkt, was er sich erdreiste
Da hat er mir aber eine ins Zahnfleisch gelangt
Da bin ich manchmal direkt darauf erkrankt.
Das war so schön in diesem halben Jahr
In dem Bordell, wo unser Haushalt war.

Die 3. Strophe behandelt den heiklen Zustand, in den das Paar durch die Schwangerschaft des Mädchens gerät. Sie soll wegen ihrer Unfeinheit nicht gedruckt werden.

Balada del macarra

En un tiempo, que ahora ya pasó,
ya vivíamos juntos: ella y yo.
A saber, de mi cabeza y de su vientre:
yo la protegía y ella me alimentaba.
También puede ser de otra manera, pero así también funciona.
Y cuando venía un pretendiente, me escurría de nuestra cama
y me largaba a por una copa y era muy amable
y cuando él pagaba, yo le decía: "Señor
si quiere Ud. volver... cuando guste."
Así aguantamos lo menos medio año
en el burdel, donde estaba nuestro hogar.

En aquel tiempo, que ahora ya pasó,
él me levantaba a peso alguna cariñosa vez.
Sólo que cuando no había pasta, resoplaba
y me decía enseguida: "¡Tú, que te empeño el camisón!
Un camisón está bien, ¡pero también sé pasar sin él!"
Entonces me hacía la insidiosa, sí, sabes
a veces le preguntaba directamente que qué se había creído.
Entonces me echaba mano a las encías;
a veces enfermé directamente así.
Fue tan bonito ese medio año
en el burdel, donde estaba nuestro hogar.

La 3.ª estrofa trata del delicado asunto en el que la pareja se encuentra por el embarazo de la chica. Por su grosería, no debe ser impresa. (Nota de la edición alemana).

Lied der Lyriker
(als schon im ersten Drittel des 20. Jahrhunderts für Gedichte nichts mehr gezahlt wurde.)

1

Das, was ihr lest, ist in Versen geschrieben!
Ich sage das, weil ihr vielleicht nicht mehr wißt
Was ein Gedicht und auch: was ein Dichter ist!
Wirklich, ihr habt es mit uns nicht zum besten getrieben!

2

Sagt, habt ihr nichts bemerkt? Habt ihr gar nichts zu fragen?
Fiel's euch nicht auf, daß schon lang kein Gedicht mehr erschien?
Wißt ihr warum? Nun schön, ich will es euch sagen:
Früher las man den Dichter und man bezahlte ihn.

3

Heute wird nichts mehr bezahlt für Gedichte. Das ist es.
Darum wird heut auch kein Gedicht mehr geschrieben!
Denn der Dichter fragt auch: wer bezahlt es? Und nicht nur: wer liest es?
Und wenn er nicht bezahlt wird, dann dichtet er nicht! So weit habt ihr's getrieben!

4

Aber warum nur? So fragt er, was hab ich verbrochen?
Hab ich nicht immer getan, was verlangt wurd von denen, die zahlen?
Hielt ich ihnen nicht immer das, was ich versprochen?
Und jetzt höre ich auch von denen, die Bilder malen

Canción de los poetas líricos
(cuando, en el primer tercio del siglo XX, ya no se pagaba nada por los poemas)

1
Esto que aquí leéis, en versos está escrito.
Lo digo porque quizá ya no sepáis
qué es un poema ni qué es un poeta.
¡La verdad es que no os habéis portado muy bien con nosotros!

2
Decid, ¿no os dabais cuenta? ¿No queréis preguntar nada?
¿No notabais que hacía mucho ya que no aparecían poemas?
¿Sabéis por qué? Está bien, os lo voy a decir:
antes leían al poeta y le pagaban.

3
Hoy ya no se paga nada por los poemas. Eso es.
¡Y por eso no se escriben ya hoy poemas!
Pues el poeta pregunta también: ¿quién lo paga? Y no *sólo*:
    ¿quién lo lee?
¡Y si no le pagan, no escribe poemas! ¡A esos extremos lo
    habéis llevado!

4
Pero, ¿por qué? se pregunta, ¿qué falta he cometido?
¿No he hecho siempre lo que exigían los que pagaban?
¿No cumplí siempre lo que les prometí?
¡Y ahora oigo decir también a los que pintan cuadros

5

Daß kein Bild mehr gekauft wird! Und auch die Bilder
Waren doch immer geschmeichelt! Jetzt stehn sie im Speicher...
Habt ihr was gegen uns? Warum wollt ihr nicht zahlen?
Wie wir doch lesen, werdet ihr reicher und reicher...

6

Haben wir nicht, wenn wir genügend im Magen
Hatten, euch alles besungen, was ihr auf Erden genossen?
Daß ihr es nochmals genösset: das Fleisch eurer Weiber!
Trauer des Herbstes! Den Bach und wie er durch Mondlicht geflossen...

7

Eurer Früchte Süße! Geräusch des fallenden Laubes!
Wieder das Fleisch eurer Weiber! Das Unsichtbare
Über euch! Selbst: euer Gedenken des Staubes
In den ihr euch einst verwandelt am End eurer Jahre!

8

Und nicht nur das habt ihr gerne bezahlt! Auch das, was wir denen
Sagten, die nicht wie ihr auf die goldenen Stühle gesetzt sind
Habt ihr sonst immer bezahlt! Dies Trocknen der Tränen!
Und dies Trösten derer, die von euch verletzt sind!

9

Vieles haben wir euch geleistet! Und nie uns geweigert!
Stets unterwarfen wir uns! Und sagten doch höchstens: Bezahl es!
Wieviel Untat haben wir so verübt! Für euch! Wieviel Untat!
Und wir begnügten uns stets mit den Resten des Mahles!

5
que no compran ninguno! ¡Y eso que también los cuadros
fueron siempre aduladores! Ahora están en el desván...
¿Tenéis algo contra nosotros? ¿Por qué no queréis pagar?
Según leemos, cada vez os hacéis más ricos...

6
¿No os hemos cantado, cuando teníamos bastante lleno
el estómago, cuanto disfrutabais en la tierra?
Para que la disfrutarais otra vez: ¡la carne de vuestras mujeres!
¡La tristeza del otoño! El arroyo y cómo corría al claro de luna...

7
¡El dulzor de vuestros frutos! ¡El rumor de las hojas al caer!
¡Otra vez la carne de vuestras mujeres! ¡Lo imperceptible
sobre vosotros! ¡Incluso os recordamos el polvo
en que os habéis de convertir al final de vuestros años!

8
¡Y no sólo esto lo habéis pagado a gusto! ¡También lo que decíamos
sobre los que no se sientan como vosotros en sillas de oro,
antes siempre nos lo pagabais! ¡Qué enjugar de lágrimas!
¡Y qué consuelo para aquéllos a los que heríais!

9
¡Muy bien hemos cumplido con vosotros! ¡Y nunca nos negamos!
¡Al contrario, nos hemos sometido! Y lo más que decíamos era:
    ¡págalo!
¡Cuántos crímenes hemos cometido! ¡Por vosotros! ¡Cuántos
    crímenes!
¡Y sin embargo nos conformábamos con los restos de la comida!

10
Ach, vor eure in Dreck und Blut versunkene Karren
Haben wir noch immer unsere großen Wörter gespannt!
Euren Viehhof der Schlachten haben wir »Feld der Ehre«
Eure Kanonen »erzlippige Brüder« genannt.

11
Auf die Zettel, die für euch Steuern verlangten
Haben wir die erstaunlichsten Bilder gemalt
Unsere anfeuernden Lieder brüllend
Haben sie euch immer wieder die Steuern bezahlt!

12
Wir haben die Wörter studiert und gemischt wie Drogen
Und nur die bestern und allerstärksten verwandt
Die sie von euch bezogen, haben sie eingesogen
Und waren wie Lämmer in eurer Hand!

13
Euch selber haben wir stets mit was ihr nur wolltet verglichen
Meistens mit solchen, die auch schon mit Unrecht gefeiert wurden von solchen
Die wie wir ohne Warmes im Magen Gönner umstrichen
Und eure Feinde verfolgten wir wild mit Gedichten wie Dolchen.

14
Warum also besucht ihr plötzlich nicht mehr unsre Märkte?
Sitzt nicht so lange beim Essen! Uns werden die Reste ja kalt!
Warum bestellt ihr nichts mehr bei uns? Kein Bild? Nicht ein Loblied?
Glaubt ihr etwa auf einmal, daß ihr so, wie ihr seid, gefallt?

10
¡Ay, ante vuestros carros hundidos en sangre y cieno
hemos uncido siempre también nuestras grandes palabras!
A vuestro matadero de batallas le llamamos "el campo del honor",
a vuestros cañones, "hermanos de labios de bronce".

11
En los papeles que exigían impuestos para vosotros
pintamos los cuadros más admirables
y declamando nuestros cantos incendiarios
os han vuelto siempre a pagar los impuestos.

12
Estudiamos y mezclamos las palabras como drogas
y sólo utilizamos las mejores y más fuertes;
los que os las compraron, se las tragaron
y fueron como corderos en vuestras manos.

13
Y a vosotros mismos sólo os hemos comparado con lo que vosotros queríais,
casi siempre con otros que también fueron injustamente celebrados
por quienes como nosotros, sin nada caliente en el estómago, los tachaban de mecenas
y a vuestros enemigos los perseguimos salvajemente con poemas como puñales.

14
¿Por qué, pues, de pronto, no visitáis ya nuestros mercados?
¡No tardéis tanto en comer! ¡Que las sobras se nos quedan frías!
¿Por qué no nos hacéis más encargos? ¿algún cuadro? ¿alguna loa?
¿De verdad pensáis que gustáis así como sois?

15
Hütet euch, ihr! ihr könnt uns durchaus nicht entbehren
Wenn wir nur wüßten, wie euer Aug auf uns lenken!
Glaubt uns, ihr Herren, daß wir heut billiger wären!
Freilich können wir euch unsere Bilder und Verse nicht schenken!

16
Als ich das, was ihr hier lest (ach, lest ihr's), begonnen
Wollte ich auch jede dritte Zeile in Reimen verfassen
Aber da war mir die Arbeit zu groß. Ich gesteh es nicht gerne
Und ich dachte: wer soll das bezahlen? Und hab es gelassen.

15
¡Andaos con ojo! ¡no podéis prescindir de nosotros!
¡Si al menos supiéramos cómo hacer que os fijarais en nosotros!
¡Podéis creernos, señores, hoy seríamos más baratos!
¡Pero no podemos regalaros nuestros cuadros y versos!

16
Cuando empecé con esto que leéis (bueno, si lo leéis),
quería que los versos resultaran todos rimados,
pero era demasiado trabajo, lo confieso a disgusto,
y pensé: ¿quién me lo irá a pagar? y lo dejé.

Lob der Dialektik

Das Unrecht geht heute einher mit sicherem Schritt.
Die Unterdrücker richten sich ein auf zehntausend Jahre.
Die Gewalt versichert: So, wie es ist, bleibt es.
Keine Stimme ertönt außer der Stimme der Herrschenden
Und auf den Märkten sagt die Ausbeutung laut: Jetzt beginne ich erst.
Aber von den Unterdrückten sagen viele jetzt:
Was wir wollen, geht niemals.

Wer noch lebt, sage nicht: niemals!
Das Sichere ist nicht sicher.
So, wie es ist, bleibt es nicht.
Wenn die Herrschenden gesprochen haben
Werden die Beherrschten sprechen.
Wer wagt zu sagen: niemals?
An wem liegt es, wenn die Unterdrückung bleibt? An uns.
An wem liegt es, wenn sie zerbrochen wird? Ebenfalls an uns.
Wer niedergeschlagen wird, der erhebe sich!
Wer verloren ist, kämpfe!
Wer seine Lage erkannt hat, wie soll der aufzuhalten sein?
Denn die Besiegten von heute sind die Sieger von morgen
Und aus niemals wird: Heute noch!

Elogio de la dialéctica

La injusticia camina hoy con paso firme.
Los opresores se preparan para serlo durante diez mil años.
La violencia asegura: "Tal como está, seguirá todo."
No suena otra voz que la voz de los dominadores
y en los mercados grita la explotación: "Ahora es cuando empiezo."
Pero muchos de los oprimidos dicen ahora:
"Lo que queremos, nunca llegará."

El que siga vivo, que no diga: ¡"nunca"!
Lo seguro no es seguro.
Tal como está, no seguirá todo.
Cuando hayan hablado los dominadores
hablarán los dominados.
¿Quién se atreve a decir: "nunca"?
¿De quién depende que siga la opresión? De nosotros.
¿De quién depende que sea destruida? De nosotros también.
Quien haya sido derribado, ¡que se alce!
Quien esté perdido, ¡que luche!
¿Cómo podrán detener a quien conoce su situación?
Pues los vencidos de hoy son los vencedores de mañana
y el nunca se convierte en "¡hoy mismo!"

Aus den ›Sonetten‹

Das erste Sonett

Als wir zerfielen einst in DU und ICH
Und unsere Betten standen HIER und DORT
Ernannten wir ein unauffällig Wort
Das sollte heißen: ich berühre dich.

Es scheint: solch Redens Freude sei gering
Denn das Berühren selbst ist unersetzlich
Doch wenigstens wurd »sie« so unverletzlich
Und aufgespart wie ein gepfändet Ding.

Blieb zugeeignet und wurd doch entzogen
War nicht zu brauchen und war doch vorhanden
War wohl nicht da, doch wenigstens nicht fort

Und wenn um uns die fremden Leute standen
Gebrauchten wir geläufig dieses Wort
Und wußten gleich: wir waren uns gewogen.

Das neunte Sonett

Als du das Vögeln lerntest, lehrt ich dich
So vögeln, daß du mich dabei vergaßest
Und deine Lust von meinem Teller aßest
Als liebtest du die Liebe und nicht mich.

De los "Sonetos"

El primer soneto

Cuando en su momento nos dividimos en TÚ y YO
y nuestras camas estaban AQUÍ y ALLÍ,
designamos una palabra insignificante
para que significara: estoy tocándote.

No parece que consuele decir algo así,
pues el tacto mismo es insustituible,
pero «ella» al menos se hizo tan invulnerable
y protegida como un objeto empeñado.

Quedó adjudicada y retirada, sin embargo,
no podía usarse y, aun así, seguía estando presente,
no estaba allí, pero no se había ido

y cuando había gente extraña a nuestro alrededor
usábamos a menudo esa palabra
y de inmediato sabíamos que nos amábamos.

El noveno soneto

Cuando aprendiste a follar, te enseñé
a hacerlo de modo que me olvidases
y a que comieras tu placer de mi plato
como si amaras al amor, no a mí.

Ich sagte: tut nichts, wenn du mich vergißt
Als freutest du dich eines andern Manns!
Ich geb nicht mich, ich geb dir einen Schwanz
Er tut dir nicht nur gut, weil's meiner ist.

Wenn ich so wollte, daß du untertauchst
In deinem eignen Fleische, wollt ich nie
Daß du mir eine wirst, die da gleich schwimmt

Wenn einer aus Versehn hinkommt an sie.
Ich wollte, daß du nicht viel Männer brauchst
Um einzusehn, was dir vom Mann bestimmt.

Achtes Sonett

Nachts, wo die Wäsche an der Hecke hing...
Am Bach im Wald, du standest, rings war Wildnis...
Im kleinen Holzbett, unterm Bronzebildnis...
Auf schwedischem Bett im Arbeitsraum; er fing

Eben zu trocknen an... am Hang, bei großer Schräge...
Im Eck der Schreibstub, zwischen Fenster und Schrank...
Im Gasthof, der Petroleumofen stank...
Im Lagereck der Schreibstub, essensträge...

Im Kloster, durch Klaviere aufgebracht...
Möbliert, du warfst den Schlüssel vom Balkon...
Im einen Zimmer des Hotels... in beiden...

Im Vaterland der Werktätigen... schon
Zu jeder Stund des Tags... und auch der Nacht...
In gut vier Ländern... allen Jahreszeiten...

Yo dije: no pasa nada si me olvidas
¡como si te alegraras de otro hombre!
Y no te me doy, te doy un *rabo*;
no sólo te sienta bien por ser el mío.

Si así lo quise, que te sumergieras
en tu propia carne, nunca quise
que te hicieras una de las que se tiran de cabeza

cuando alguien por descuido se les arrima.
Quería que no necesitases a muchos hombres
para entender lo que del hombre te determina.

Octavo soneto

De noche, donde la colada cuelga en el arbusto...
en el arroyo del bosque, tú, de pie, alrededor el despoblado...
en la camita de madera, bajo la imagen de bronce...
sobre la cama sueca en el cuarto de trabajo; empezaba

justamente a secarse... en la ladera de gran pendiente...
en la esquina del escritorio, entre ventana y armario...
en el hostal, la estufa de petróleo apestaba...
en la esquina del almacén del escritorio, en plena digestión...

en el monasterio, despertados por pianos...
en un meublé, tú tiraste la llave desde el balcón...
en una habitación del hotel... en ambas...

En la patria de los obreros... desde luego
a todas horas del día... y también de la noche...
en cuatro buenos países... en todas las estaciones del año...

Deutschland

> *Mögen andere von ihrer Schande*
> *sprechen, ich spreche von der meinen*

O Deutschland, bleiche Mutter!
Wie sitzest du besudelt
Unter den Völkern.
Unter den Befleckten
Fällst du auf.

Von deinen Söhnen der ärmste
Liegt erschlagen.
Als sein Hunger groß war
Haben deine anderen Söhne
Die Hand gegen ihn erhoben.
Das ist ruchbar geworden.

Mit ihren so erhobenen Händen
Erhoben gegen ihren Bruder
Gehen sie jetzt frech vor dir herum
Und lachen in dein Gesicht
Das weiß man.

In deinem Hause
Wird laut gebrüllt was Lüge ist
Aber die Wahrheit
Muß schweigen.
Ist es so?

Warum preisen dich ringsum die Unterdrücker, aber
Die Unterdrückten beschuldigen dich?

Alemania

> Que otros de sus vergüenzas
> hablen, yo hablo de la mía.

¡Oh Alemania, pálida madre!
Qué ensuciada te sientas
entre los pueblos.
Entre los impuros
sobresales.

De tus hijos el más pobre
yace asesinado.
Cuando su hambre era grande
tus otros hijos
levantaron su mano contra él.
Eso se ha divulgado.

Con esas manos en alto
alzadas contra su hermano
ahora se pasean descarados ante ti
y ríen en tu cara,
eso se sabe.

En tu casa
se grita a voces lo que es mentira
pero la verdad
tiene que callar.
¿Es así?

¿Por qué por doquier te alaban los opresores, pero
los oprimidos te acusan?

*Die Ausgebeuteten
Zeigen mit Fingern auf dich, aber
Die Ausbeuter loben das System
Das in deinem Hause ersonnen wurde!*

*Und dabei sehen dich alle
Den Zipfel deines Rockes verbergen, der blutig ist
Vom Blut deines
Besten Sohnes.*

*Hörend die Reden, die aus deinem Hause dringen, lacht man.
Aber wer dich sieht, der greift nach dem Messer
Wie beim Anblick einer Räuberin.*

*O Deutschland, bleiche Mutter!
Wie haben deine Söhne dich zugerichtet
Daß du unter den Völkern sitzest
Ein Gespött oder eine Furcht!*

Los explotados
con sus dedos te señalan, ¡pero
los explotadores alaban el sistema
que en tu casa fue concebido!

Y además te ven todos
esconder la punta de tu falda, que está manchada
con la sangre de tu
mejor hijo.

Oyendo los discursos que salen de tu casa, se ríen.
Pero quien te ve, coge el cuchillo
como cuando ves a una ladrona.

¡Oh, Alemania, pálida madre!
¡Cómo te han maltratado tus hijos
para que te sientes entre los pueblos
como una burla o un terror!

Ich benötige keinen Grabstein, aber
Wenn ihr einen für mich benötigt
Wünschte ich, es stünde darauf:
Er hat Vorschläge gemacht. Wir
Haben sie angenommen.
Durch eine solche Inschrift wären
Wir alle geehrt.

No necesito lápida, pero
si vosotros necesitáis ponerme una,
desearía que en ella se leyera:
Hizo propuestas. Nosotros
las aceptamos.
Una inscripción así
nos honraría a todos.

An die Nachgeborenen

1

Wirklich, ich lebe in finsteren Zeiten!

Das arglose Wort ist töricht. Eine glatte Stirn
Deutet auf Unempfindlichkeit hin. Der Lachende
Hat die furchtbare Nachricht
Nur noch nicht empfangen.

Was sind das für Zeiten, wo
Ein Gespräch über Bäume fast ein Verbrechen ist
Weil es ein Schweigen über so viele Untaten einschließt!
Der dort ruhig über die Straße geht
Ist wohl nicht mehr erreichbar für seine Freunde
Die in Not sind?

Es ist wahr: ich verdiene noch meinen Unterhalt
Aber glaubt mir: das ist nur ein Zufall. Nichts
Von dem, was ich tue, berechtigt mich dazu, mich satt zu essen.
Zufällig bin ich verschont. (Wenn mein Glück aussetzt
Bin ich verloren.)

Man sagt mir: iß und trink du! Sei froh, daß du hast!
Aber wie kann ich essen und trinken, wenn
Ich es dem Hungernden entreiße, was ich esse, und
Mein Glas Wasser einem Verdurstenden fehlt?
Und doch esse und trinke ich.

A los que nazcan más tarde

1

¡Realmente, vivo en tiempos sombríos!

La palabra ingenua es necia. Una frente lisa
revela insensibilidad. El que ríe
aún no ha recibido
la terrible noticia.

¡Qué tiempos son estos
en que una conversación acerca de los árboles casi es un crimen
porque implica estar callando sobre tantas fechorías!
Al que va tranquilamente por la calle
¿no podrán ya alcanzarle sus amigos
que están en apuros?

Es verdad: aún me gano el sustento
pero creedme, sólo es casualidad. Nada
de lo que hago me da derecho a comer hasta hartarme.
Estoy a salvo casualmente. (Si me falla la suerte,
estoy perdido.)

Me dicen: ¡come y bebe! ¡Conténtate con lo que tienes!
Pero ¿cómo puedo comer y beber cuando
le quito al hambriento lo que como
y mi vaso de agua le hace falta a un sediento?
Y, sin embargo, como y bebo.

Ich wäre gerne auch weise
In den alten Büchern steht, was weise ist:
Sich aus dem Streit der Welt halten und die kurze Zeit.
Ohne Furcht verbringen
Auch ohne Gewalt auskommen
Böses mit Gutem vergelten
Seine Wünsche nicht erfüllen, sondern vergessen
Gilt für weise.
Alles das kann ich nicht:
Wirklich, ich lebe in finsteren Zeiten!

2

In die Städte kam ich zu der Zeit der Unordnung
Als da Hunger herrschte.
Unter die Menschen kam ich zu der Zeit des Aufruhrs
Und ich empörte mich mit ihnen.
So verging meine Zeit
Die auf Erden mir gegeben war.

Mein Essen aß ich zwischen den Schlachten
Schlafen legte ich mich unter die Mörder
Der Liebe pflegte ich achtlos
Und die Natur sah ich ohne Geduld.
So verging meine Zeit
Die auf Erden mir gegeben war.

Die Straßen führten in den Sumpf zu meiner Zeit
Die Sprache verriet mich dem Schlächter
Ich vermochte nur wenig. Aber die Herrschenden

Me gustaría también ser sabio.
En los libros antiguos pone qué es ser sabio:
apartarse de las querellas del mundo y nuestro breve tiempo
pasarlo sin temor,
saber también comportarse sin violencia,
devolver bien por mal,
no satisfacer los deseos, sino olvidarlos
pasa por cosa de sabios.
Yo no puedo hacer nada de eso:
¡Realmente, vivo en tiempos sombríos!

2

Llegué a las ciudades en la época del desorden,
cuando reinaba el hambre.
Me mezclé con los hombres en la época de la revuelta
y me alcé con ellos.
Así pasé mi tiempo,
el que me fue concedido en la tierra.

Comí mi comida en medio de las batallas,
me eché a dormir entre los asesinos,
me ocupé del amor con descuido
y miré impaciente a la naturaleza.
Así pasé mi tiempo,
el que me fue concedido en la tierra.

Las calles llevaban a la charca en mi época,
la lengua me delató al verdugo.
Yo podía bien poco. Pero los poderosos

Saßen ohne mich sicherer, das hoffte ich.
So verging meine Zeit
Die auf Erden mir gegeben war.

Die Kräfte waren gering. Das Ziel
Lag in großer Ferne
Es war deutlich sichtbar, wenn auch für mich
Kaum zu erreichen.

So verging meine Zeit
Die auf Erden mir gegeben war.

3

Ihr, die ihr auftauchen werdet aus der Flut
In der wir untergegangen sind
Gedenkt
Wenn ihr von unsern Schwächen sprecht
Auch der finsteren Zeit
Der ihr entronnen seid.

Gingen wir doch, öfter als die Schuhe die Länder wechselnd
Durch die Kriege der Klassen, verzweifelt
Wenn da nur Unrecht war und keine Empörung.

Dabei wissen wir ja:
Auch der Haß gegen die Niedrigkeit
Verzerrt die Züge.
Auch der Zorn über das Unrecht
Macht die Stimme heiser. Ach, wir

se sentaban más seguros sin mí, eso esperaba.
Así pasé mi tiempo,
el que me fue concedido en la tierra.

Mis fuerzas eran escasas. La meta
estaba a gran distancia,
era claramente visible, aunque también para mí
apenas alcanzable.

Así pasé mi tiempo,
el que me fue concedido en la tierra.

3

Vosotros, los que surjáis del diluvio
en el que nosotros nos hundimos
pensad
cuando habléis de nuestras debilidades
también en los tiempos sombríos
de que os habéis librado.

Hemos andado, cambiando más de país que de zapatos,
en medio de la guerra de clases, desesperando
porque sólo había injusticia y no rebelión.

Y con todo sabemos
que también el odio contra la opresión
deforma los rasgos.
También la ira contra la injusticia
enronquece la voz. Ay, nosotros,

Die wir den Boden bereiten wollten für Freundlichkeit
Konnten selber nicht freundlich sein.
Ihr aber, wenn es soweit sein wird
Daß der Mensch dem Menschen ein Helfer ist
Gedenkt unsrer
Mit Nachsicht.

los que queríamos preparar el terreno para la afabilidad,
no pudimos ser afables nosotros mismos.
Pero vosotros, cuando llegue a suceder
que el hombre sea un aliado para el hombre,
pensad en nosotros
con indulgencia.

Die Auswanderung der Dichter

Homer hatte kein Heim
Und Dante mußte das seine verlassen.
Li-Po und Tu-Fu irrten durch Bürgerkriege
Die 30 Millionen Menschen verschlangen
Dem Euripides drohte man mit Prozessen
Und dem sterbenden Shakespeare hielt man den Mund zu.
Den François Villon suchte nicht nur die Muse
Sondern auch die Polizei
»Der Geliebte« genannt
Ging Lukrez in die Verbannung
So Heine und so auch floh
Brecht unter das dänische Strohdach.

La emigración de los poetas

Homero no tenía hogar
y Dante tuvo que abandonar el suyo.
Li-Po y Tu-Fu erraron entre guerras civiles
que desplazaron a 30 millones de personas,
a Eurípides le amenazaban con procesos
y al Shakespeare moribundo se le tapó la boca.
A François Villon no sólo le buscaba la musa
sino también la policía.
Aun llamándole "el amado"
fue Lucrecio al exilio,
lo mismo Heine, y así también huyó
Brecht a refugiarse bajo el danés techo de paja.

Ulm 1592

Bischof, ich kann fliegen
Sagte der Schneider zum Bischof.
Paß auf, wie ich's mach!
Und er stieg mit so 'nen Dingen
Die aussahn wie Schwingen
Auf das große, große Kirchendach.
Der Bischof ging weiter.
Das sind lauter so Lügen
Der Mensch ist kein Vogel
Es wird nie ein Mensch fliegen
Sagte der Bischof vom Schneider.

Der Schneider ist verschieden
Sagten die Leute dem Bischof.
Es war eine Hatz.
Seine Flügel sind zerspellet
Und er liegt zerschellet
Auf dem harten, harten Kirchenplatz.
Die Glocken sollen läuten
Es waren nichts als Lügen
Der Mensch ist kein Vogel
Es wird nie ein Mensch fliegen
Sagte der Bischof den Leuten.

Ulm 1592

Obispo, sé volar
dijo el sastre al obispo.
¡Mira cómo lo hago!
Y subió con dos chismes
con aspecto de alas
al tejado tan alto de la iglesia.
No se paró el obispo.
Eso es un puro embuste,
el hombre no es un pájaro,
nunca volará el hombre
dijo el obispo al sastre.

El sastre se ha matado
dijo el pueblo al obispo.
¡Qué precipitación!
Se partieron sus alas
y ahora yace estrellado
en la plaza tan dura de la iglesia.
Que suenen las campanas,
eran puros embustes,
el hombre no es un pájaro,
nunca volará el hombre,
dijo al pueblo el obispo.

Zeit meines Reichtums

Sieben Wochen meines Lebens war ich reich.
Vom Ertrag eines Stückes erwarb ich
Ein Haus in einem großen Garten. Ich hatte es
Mehr Wochen betrachtet, als ich es bewohnte. Zu verschiedenen Tageszeiten
Und auch des Nachts ging ich erst vorbei, zu sehen
Wie die alten Bäume über den Wiesen stünden in der Frühdämmerung
Oder der Teich mit den moosigen Karpfen lag, vormittags, bei Regen
Die Hecken zu sehen in der vollen Sonne des Mittags
Die weißen Rhododendrenbüsche am Abend, nach dem Vesperläuten.
Dann zog ich ein mit den Freunden. Mein Wagen
Stand unter den Fichten. Wir sahen uns um: von keiner Stelle aus
Sah man dieses Gartens Grenzen alle, die Neigungen der Rasenflächen
Und die Baumgruppen verhinderten, daß die Hecken sich erblickten.
Auch das Haus war schön. Die Treppe aus edlem Holz, sachkundig behandelt
Flachstufig mit schönmaßigem Geländer. Die geweißneten Stuben
Hatten getäfelte Hölzer zur Decke. Mächtige eiserne Öfen
Von zierlichster Gestalt trugen getriebene Bildnisse: arbeitende Bauern.
In den kühlen Flur mit den eichenen Bänken und Tischen
Führten starke Türen, ihre Erzklinken
Waren nicht die erstbesten, und die Steinfliesen um das bräunliche Haus

La época de mi riqueza

Siete semanas de mi vida fui rico.
Con los ingresos de una obra de teatro adquirí
una casa con un gran jardín. La había
contemplado más semanas que las que la habité. A diferentes horas
del día y también de la noche pasaba por delante, para comprobar
cómo se verían los viejos árboles en el césped al atardecer
o cómo estaría el estanque con las musgosas carpas, de mañana, con lluvia,
para ver los setos a pleno sol de medio día,
los blancos rododendros por la tarde, tras el toque de vísperas.
Luego me mudé a ella con los amigos. El coche
lo aparqué bajo los abetos. Exploramos: desde ningún punto
se veían todas las lindes de aquel jardín, las pendientes de las praderas
y los grupos de árboles impedían que se divisaran las cercas.
También la casa era hermosa. La escalera de madera noble, trabajada con pericia,
de peldaños bien planos, con barandilla de armoniosas medidas. Las blanqueadas habitaciones
tenían artesonados en el techo. Potentes estufas de hierro
de delicadísimas formas con repujadas imágenes: campesinos trabajando.
Al fresco pasillo con bancos y mesas de roble
daban fuertes puertas, sus picaportes de estaño
no eran los mejores, y las baldosas alrededor de la casa pardusca

*Waren glatt und eingesunken von den Tritten
Früherer Bewohner. Was für wohltuende Maße! Jeder Raum
    anders
Und jeder der beste! Und wie veränderten sich alle mit den
    Tageszeiten!
Den Wandel der Jahreszeiten, sicher köstlich, erlebten wir nicht,
    denn
Nach sieben Wochen echten Reichtums verließen wir das
    Besitztum, bald
Flohen wir über die Grenze.*

*Die Lust des Besitzes fühlte ich tief und ich bin froh
Sie gefühlt zu haben. Durch meinen Park zu gehen, Gäste zu haben
Baupläne zu erörtern, wie andere meines Berufs vor mir
Gefiel mir, ich gestehe es. Doch scheinen mir sieben Wochen genug.
Ich ging ohne Bedauern, oder mit geringem Bedauern. Dies schreibend
Hatte ich schon Mühe, mich zu erinnern. Wenn ich mich frage
Wieviele Lügen zu sagen ich bereit wäre, diesen Besitz zu halten
Weiß ich, es sind nicht viele. Also, hoffe ich
War es nicht schlecht, dieses Besitztum zu haben. Es war
Nicht wenig, aber
Es gibt mehr.*

estaban desgastadasas y hundidas por las pisadas
de anteriores habitantes. ¡Qué medidas más agradables! ¡Cada
 espacio era distinto de los otros
y cada cual mejor! ¡Y cómo iban cambiando todos con las
 horas del día!
El cambio de estaciones, con seguridad espléndido, no lo llega-
 mos a vivir, pues
tras siete semanas de auténtica riqueza abandonamos la propie-
 dad, pronto
huimos y cruzamos la frontera.

Sentí profundamente la alegría de la posesión y estoy contento
de haberla sentido. Pasear por mi parque, tener invitados,
discutir planes de construcción como hago con los de mi oficio
me gustó, lo confieso. Pero siete semanas me parecen bastantes.
Me fui sin pesar, o con poco pesar. Al escribir esto
me costaba trabajo ya acordarme. Cuando me pregunto
cuántas mentiras estaría dispuesto a decir para conservar aquella
 posesión,
sé que no son muchas. Así que, eso espero,
no fue malo haber tenido aquella propiedad. No fue
poca cosa, pero
hay otras.

Ballade von der Judenhure Marie Sanders

1
In Nürnberg machten sie ein Gesetz
Darüber weinte manches Weib, das
Mit dem falschen Mann im Bett lag.
»Das Fleisch schlägt auf in den Vorstädten
Die Trommeln schlagen mit Macht
Gott im Himmel, wenn sie etwas vorhätten
Wäre es heute nacht.«

2
Marie Sanders, dein Geliebter
Hat zu schwarzes Haar.
Besser, du bist heute zu ihm nicht mehr
Wie du zu ihm gestern warst.
»Das Fleisch schlägt auf in den Vorstädten
Die Trommeln schlagen mit Macht
Gott im Himmel, wenn sie etwas vorhätten
Wäre es heute nacht.«

3
Mutter, gib mir den Schlüssel
Es ist alles halb so schlimm.
Der Mond sieht aus wie immer.
»Das Fleisch schlägt auf in den Vorstädten
Die Trommeln schlagen mit Macht
Gott im Himmel, wenn sie etwas vorhätten
Wäre es heute nacht.«

Balada de la «puta para judíos» Marie Sanders

1
En Nuremberg hicieron una ley
que hizo llorar a más de una mujer que
estaba en la cama con el hombre inapropiado.
«La carne se encarece en los suburbios,
los tambores redoblan con fuerza,
Dios del cielo, si tramasen algo
sería esta noche.»

2
Marie Sanders, tu amante
tiene el pelo demasiado negro.
Mejor si desde hoy ya no eres nada para él
como hasta ayer lo fuiste.
«La carne se encarece en los suburbios,
los tambores redoblan con fuerza,
Dios del cielo, si tramasen algo
sería esta noche.»

3
Madre, dame la llave,
las cosas no serán para tanto.
La luna se ve como siempre.
«La carne se encarece en los suburbios,
los tambores redoblan con fuerza,
Dios del cielo, si tramasen algo
sería esta noche.»

4
Eines Morgens, früh um neun Uhr
Fuhr sie durch die Stadt
Im Hemd, um den Hals ein Schild, das Haar geschoren.
Die Gasse johlte. Sie
Blickte kalt.
Das Fleisch schlägt auf in den Vorstädten
Der Streicher spricht heute nacht.
Großer Gott, wenn sie ein Ohr hätten
Wüßten sie, was man mit ihnen macht.

4
Una mañana temprano, hacia las nueve,
atravesó la ciudad
en camisón, con un letrero al cuello, el pelo rapado.
La calle rugía.
Ella miraba fríamente.
«La carne se encarece en los suburbios,
el pintor de brocha gorda habla esta noche.
Gran Dios, si tuviesen oídos
sabrían lo que hacen con ellos.»

Das Lieblingstier des Herrn Keuner

Als Herr Keuner gefragt wurde
Welches Tier er vor allem schätze
Nannte er den Elefanten und begründete dies so:
Der Elefant vereint List mit Stärke.
Das ist nicht die kümmerliche List, die ausreicht
Einer Nachstellung zu entgehen oder ein Essen zu ergattern
Indem man nicht auffällt, sondern die List
Welcher die Stärke zur Verfügung steht für
Große Unternehmungen. Wo dieses Tier war
Führt eine breite Spur. Dennoch ist es gutmütig
Es versteht Spaß. Es ist ein guter Freund
Wie es ein guter Feind ist. Sehr groß und schwer
Ist es doch auch sehr schnell. Sein Rüssel
Führt einem enormen Körper auch die kleinsten Speisen zu
Auch Nüsse. Seine Ohren sind verstellbar: es hört nur, was ihm
   paßt.
Es wird auch sehr alt. Es ist auch gesellig
Und dies nicht nur zu Elefanten. Überall
Ist es sowohl beliebt als auch gefürchtet.
Eine gewisse Komik
Macht es möglich, daß es sogar verehrt werden kann.
Es hat eine dicke Haut. Darin
Zerbrechen die Messer. Aber sein Gemüt ist zart.
Es kann traurig werden.
Es kann zornig werden.
Es tanzt gern. Es stirbt im Dickicht.

El animal preferido del Señor Keuner

Cuando el Señor Keuner fue preguntado
que qué animal prefería de todos
nombró al elefante y lo justificó de esta manera:
El elefante une la fuerza con la argucia.
No se trata de la argucia miserable, que basta
para librarse de una persecución o para arrebatar una comida
sin llamar la atención, sino de la argucia
que está a disposición de la fuerza para realizar
grandes empresas. Una amplia senda nos conduce
adonde estuvo el animal. Aún así es benévolo,
entiende bromas. Es un buen amigo,
como un buen enemigo. Muy grande y muy pesado,
es sin embargo rápido. Su trompa
lleva a un enorme cuerpo las comidas más diminutas,
también nueces. Sus orejas son dirigibles: sólo oye lo que
    quiere.
También llega a hacerse muy viejo. Es sociable también
y eso no sólo con otros elefantes. En todos lados
es tan amado como también temido.
Una cierta comicidad
hace posible que incluso pueda venerársele.
Tiene una gruesa piel. En la que los cuchillos
se rompen. Pero su ánimo es delicado.
Se puede entristecer.
Se puede enfurecer.
Le gusta bailar. Se muere en la selva.

Es liebt Kinder und andere kleine Tiere.
Es ist grau und fällt nur durch seine Masse auf.
Es ist nicht eßbar.
Es kann gut arbeiten. Es trinkt gern und wird fröhlich.
Es tut etwas für die Kunst: es liefert Elfenbein.

Ama a los niños y a otros animales pequeños.
Es gris y sólo destaca por su volumen.
No es comestible.
Trabaja bien. Le gusta beber y se alegra.
Hace algo por el arte: suministra el marfil.

Fragen eines lesenden Arbeiters

Wer baute das siebentorige Theben?
In den Büchern stehen die Namen von Königen.
Haben die Könige die Felsbrocken herbeigeschleppt?
Und das mehrmals zerstörte Babylon
Wer baute es so viele Male auf? In welchen Häusern
Des goldstrahlenden Lima wohnten die Bauleute?
Wohin gingen an dem Abend, wo die chinesiche Mauer fertig war
Die Maurer? Das große Rom
Ist voll von Triumphbögen. Wer errichtete sie? Über wen
Triumphierten die Cäsaren? Hatte das vielbesungene Byzanz
Nur Paläste für seine Bewohner? Selbst in dem sagenhaften
   Atlantis
Brüllten in der Nacht, wo das Meer es verschlang
Die Ersaufenden nach ihren Sklaven.

Der junge Alexander eroberte Indien.
Er allein?
Cäsar schlug die Gallier.
Hatte er nicht wenigstens einen Koch bei sich?
Philipp von Spanien weinte, als seine Flotte
Untergegangen war. Weinte sonst niemand?
Friedrich der Zweite siegte im Siebenjährigen Krieg. Wer
Siegte außer ihm?

Jede Seite ein Sieg.
Wer kochte den Siegesschmaus?

Preguntas de un obrero lector

¿Quién construyó Tebas, la de las siete puertas?
En los libros figuran los nombres de los reyes.
¿Arrastraron los reyes los bloques de piedra?
Y la varias veces destruida Babilonia,
¿quién la reconstruyó otras tantas? ¿En qué casas
de la Lima que resplandecía de oro vivían los obreros de la construcción?
¿A dónde fueron, la noche en que se acabó la muralla china,
los albañiles? La gran Roma
está llena de arcos de triunfo. ¿Quién los erigió? ¿Sobre quién
triunfaron los césares? ¿Tenía Bizancio, tan cantada,
sólo palacios para sus habitantes? Incluso en la fabulosa Atlántida
clamaban en la noche en que se la tragó el mar
los que se ahogarían llamando a sus esclavos.

El joven Alejandro conquistó la India.
¿Él solo?
César venció a los galos.
¿No llevaba con él un cocinero al menos?
El español Felipe lloró cuando su flota
se hundió. ¿Sólo él lloraba?
Federico II venció en la Guerra de los siete años. ¿Quién
venció además de él?

Cada página una victoria.
¿Quién cocinó el banquete de la victoria?

Alle zehn Jahre ein großer Mann.
Wer bezahlte die Spesen?

So viele Berichte
So viele Fragen.

Cada diez años un gran hombre.
¿Quién pagó los gastos?

Tantos relatos,
tantas preguntas.

Lied des Stückeschreibers

1

Ich bin ein Stückeschreiber. Ich zeige
Was ich gesehen habe. Auf den Menschenmärkten
Habe ich gesehen, wie der Mensch gehandelt wird. Das
Zeige ich, ich, der Stückeschreiber.

Wie sie zueinander ins Zimmer treten mit Plänen
Oder mit Gummiknüppeln oder mit Geld
Wie sie auf den Straßen stehen und warten
Wie sie einander Fallen bereiten
Voller Hoffnung
Wie sie Verabredungen treffen
Wie sie einander aufhängen
Wie sie sich lieben
Wie sie die Beute verteidigen
Wie sie essen
Das zeige ich.

Die Worte, die sie einander zurufen, berichte ich.
Was die Mutter dem Sohn sagt
Was der Unternehmer dem Unternommenen befiehlt
Was die Frau dem Mann antwortet.
Alle die bittenden Worte, alle die herrischen
Die flehenden, die mißverständlichen
Die lügnerischen, die unwissenden

Canción del autor dramático

1

Soy un autor dramático. Muestro
lo que he visto. En los mercados de hombres
he visto cómo se comercia con el hombre. Esto
muestro, yo, el autor dramático.

Cómo se reúnen en una habitación con planes
o con porras de goma o con dinero,
cómo están en la calle y esperan,
cómo se tienden trampas unos a otros
llenos de esperanza,
cómo se citan y encuentran,
cómo se ahorcan unos a otros,
cómo se aman,
cómo defienden su presa,
cómo comen,
eso es lo que muestro.

Refiero las palabras que se llaman los unos a los otros,
lo que dice al hijo la madre,
lo que al asalariado le ordena el empresario,
lo que contesta la mujer al marido.
Todas las palabras implorantes, todas las de mando,
las de súplica, las confusas,
las engañosas, las ignorantes,

Die schönen, die verletzenden
Alle berichte ich.

Ich sehe da auftreten Schneefälle.
Ich sehe da nach vorn kommen Erdbeben.
Ich sehe da Berge stehen mitten im Wege
Und Flüsse sehe ich über die Ufer treten.
Aber die Schneefälle haben Hüte auf.
Die Erdbeben haben Geld in der Brusttasche.
Die Berge sind aus Fahrzeugen gestiegen
Und die reißenden Flüsse gebieten über Polizisten.

2

Um zeigen zu können, was ich sehe
Lese ich nach die Darstellungen anderer Völker und anderer Zeitalter.
Ein paar Stücke habe ich nachgeschrieben, genau
Prüfend die jeweilige Technik und mir einprägend
Das, was mir zustatten kommt.
Ich studierte die Darstellungen der großen Feudalen
Durch die Engländer, reicher Figuren
Denen die Welt dazu dient, sich groß zu entfalten.
Ich studierte die moralisierenden Spanier
Die Inder, Meister der schönen Empfindungen
Und die Chinesen, welche die Familien darstellen
Und die bunten Schicksale in den Städten.

las hermosas, las ofensivas,
todas las refiero.

Veo cómo se precipitan nevadas.
Veo cómo se acercan terremotos.
Veo montes que se alzan en medio del camino
y veo cómo se desbordan ríos.
Pero llevan sombrero las nevadas.
Los terremotos llevan dinero en el bolsillo interior.
Los montes se han bajado de vehículos
y los ríos furiosos tienen mando sobre los policías.

2

Para poder mostrar lo que yo veo
investigo las representaciones de otros pueblos y otras épocas.
He adaptado un par de obras, examinando
minuciosamente la técnica de la época
y asimilando lo que de ellas me sirve.
Estudié las representaciones de los grandes feudales
en los ingleses, ricas figuras
a las que el mundo sirve para desplegar su grandeza.
Estudié a los moralizantes españoles,
a los indios, maestros de las sensaciones hermosas
y a los chinos, que representan las familias
y los variopintos destinos en las ciudades.

Marie Sander, dein Liebhaber
Hat die falsche Nase und sein Haar ist zu schwarz.
Es ist besser, du triffst ihn nicht mehr.

In Nürnberg machten sie ein Gesetz.
Deine Mutter setzte ihre Brille auf und las es dir vor.
Und dann weinte sie.

Ich streite mit niemandem, ob er schön ist.
Ich weiß nicht, ob er schön ist.
Wenn er mich anfäßt, werde ich naß.
Daher weiß ich, daß ich ihn liebe.

Eines Morgens, früh um neun Uhr
Fuhr sie durch die Stadt.
Im Hemd, mit geschorenem Haar, um den Hals ein Schild:
Ich bin mit einem Juden gegangen.
Die Menge johlte. Sie
Blickte kalt.

Marie Sander, tu amante
tiene la nariz equivocada y su pelo es demasiado negro.
Será mejor que no vuelvas a verle.

En Nurenberg hicieron una ley.
Tu madre se puso las gafas y te la leyó.
Y lloró luego.

No discuto con nadie si es guapo.
No sé si es guapo.
Cuando me toca, me mojo.
Por eso sé que lo amo.

Una mañana temprano, hacia las nueve
pasó por la ciudad.
En camisón, con el pelo trasquilado, alrededor del cuello un cartel:
He estado con un judío.
La multitud rugía. Ella
miraba con gelidez.

Über das Lehren ohne Schüler

Lehren ohen Schüler
Schreiben ohne Ruhm
Ist schwer.

Es ist schön, am Morgen wegzugehen
Mit den frisch beschriebenen Blättern
Zu dem wartenden Drucker, über den summenden Markt
Wo sie Fleisch verkaufen und Handwerkszeug
Du verkaufst Sätze.

Der Fahrer ist schnell gefahren
Er hat nicht gefrühstückt
Jede Kurve war ein Risiko
Er tritt eilig in die Tür
Der, den er abholen wollte
Ist schon aufgebrochen.

Dort spricht, dem niemand zuhört:
Er spricht zu laut
Er wiederholt sich
Er sagt Falsches
Er wird nicht verbessert.

Sobre el enseñar sin alumnos

Enseñar sin alumnos,
escribir sin fama
es difícil.

Es hermoso salir por la mañana
con las hojas recién escritas
al impresor que espera; en el vibrante mercado
donde venden carne y herramientas
tú vendes frases.

El conductor ha conducido rápido,
no ha desayunado,
cada curva fue un riesgo,
entra corriendo por la puerta,
aquel a quien quería recoger
se ha marchado ya.

Allí habla aquél al que no escucha nadie:
habla demasiado fuerte,
se repite,
dice falsedades,
nadie le corrige.

Kuppellied

1
Ach, man sagt, des roten Mondes Anblick
Auf dem Wasser macht die Mädchen schwach
Und man spricht von eines Mannes Schönheit
Der ein Weib verfiel. Daß ich nicht lach!
Wo ich Liebe sah und schwache Knie
War's beim Anblick von – Marie.
Und das ist bemerkenswert:
Gute Mädchen lieben nie
Einen Herrn, der nichts verzehrt.
Doch sie können innig lieben
Wenn man ihnen was verehrt.
Und der Grund ist: Geld macht sinnlich
Wie uns die Erfahrung lehrt.

2
Ach, was soll des roten Mondes Anblick
Auf dem Wasser, wenn der Zaster fehlt?
Und was soll da eines Mannes oder Weibes Schönheit
Wenn man knapp ist und es sich verhehlt.
Wo ich Liebe sah und schwache Knie
War's beim Anblick von – Marie.
Und das ist bemerkenswert:
Wie soll er und wie soll sie
Sehnsuchtsvoll und unbeschwert
Auf den leeren Magen lieben?

Canción del acoplamiento

1
Se dice, ay, que ver la roja faz de la luna
reflejada en el agua hace débiles a las jóvenes
y se habla de la belleza de un hombre
a la que una mujer sucumbió. ¡No me hagas reír!
Yo, cuando vi amor y rodillas débiles
fue al ver a Marie.
Y esto es muy interesante:
las buenas chicas no aman nunca
a un señor que no gasta nada.
Pero pueden amar en su interior
si algo se les regala.
Y la razón es que el dinero hace sensible,
tal como nos enseña la experiencia.

2
Ay, ¿de qué sirve la roja faz de la luna
reflejada en el agua, cuando falta la pasta?
¿Y de qué sirve entonces su belleza al hombre o la mujer
si ésta se oculta porque se anda escaso?
Yo, cuando vi amor y rodillas débiles
fue al ver a Marie.
Y esto es muy interesante:
las buenas chicas no aman nunca
a un señor que no gasta nada.
Pero pueden amar en su interior

Nein, mein Freund, das ist verkehrt.
Fraß macht warm und Geld macht sinnlich
Wie uns die Erfahrung lehrt.

si algo se les regala.
Y la razón es que el dinero hace sensible,
tal como nos enseña la experiencia.

Geflüchtet unter das dänische Strohdach, Freunde
Verfolg ich euren Kampf. Hier schick ich euch
Wie hin und wieder schon, ein paar Worte, aufgescheucht
Durch blutige Gesichte über Sund und Laubwerk.
Verwendet, was euch erreicht davon, mit Vorsicht!
Vergilbte Bücher, brüchige Berichte
Sind meine Unterlage. Sehen wir uns wieder
Will ich gern wieder in die Lehre gehn.

Svendborg 1939.

Huido bajo el techo de paja danés, amigos,
prosigo vuestra lucha. Aquí os envío
como alguna otra vez, un par de palabras, expulsado
por la sangrienta historia a través del Sund y de los bosques.
¡Emplead con cuidado lo que de ellas os llegue!
Libros amarillentos, frágiles noticias
son mi único apoyo. Si volvemos a vernos
con gusto empezaré otra vez de aprendiz.

Svendborg, 1939.

*In den finsteren Zeiten
Wird da auch gesungen werden?
Da wird auch gesungen werden.
Von den finsteren Zeiten.*

*Wenn der Krieg beginnt
Werden eure Brüder sich vielleicht verändern
Daß ihre Gesichter nicht mehr kenntlich sind.
Aber ihr sollt gleichbleiben.*

*Sie werden in den Krieg gehen, nicht
Wie zu einer Schlächterei, sondern
Wie zu einem ernsten Werk. Alles
Werden sie vergessen haben.
Aber ihr sollt nichts vergessen haben.*

*Man wird euch Branntwein in den Hals gießen
Wie allen andern.
Aber ihr sollt nüchtern bleiben.*

              En los tiempos sombríos
              ¿se cantará también?
              También se cantará.
              De los tiempos sombríos.

Cuando empiece la guerra
vuestros hermanos puede que se transformen
y que sus caras no sean ya reconocibles.
Pero vosotros debéis seguir igual.

Irán a la guerra, no
como a una carnicería, sino
como a un trabajo serio. Todo
lo habrán olvidado. Pero vosotros
no debéis olvidar nada.

Os echarán aguardiente en el gaznate
como a los demás. Pero vosotros
debéis permanecer sobrios.

Die Schauspielerin im Exil

(Helene Weigel gewidmet)

Jetzt schminkt sie sich. In der weißen Zelle
Sitzt sie gebückt auf dem ärmlichen Hocker
Mit leichten Gebärden
Trägt sie vor dem Spiegel die Schminke auf.
Sorgsam entfernt sie von ihrem Gesicht
Jegliche Besonderheit: die leiseste Empfindung
Wird es verändern. Mitunter
Läßt sie die schmächtigen und edlen Schultern
Nach vorn fallen, wie die es tun, die
Hart arbeiten. Sie trägt schon die grobe Bluse
Mit den Flicken am Ärmel. Die Bastschuhe
Stehen noch auf dem Schminktisch.
Wenn sie fertig ist
Fragt sie eifrig, ob die Trommel schon gekommen ist
Auf der der Geschützdonner gemacht wird, und ob das große Netz
Schon hängt. Dann steht sie auf, kleine Gestalt
Große Kämpferin
In die Bastschuhe zu treten und darzustellen
Den Kampf der andalusischen Fischersfrau
Gegen die Generäle.

La actriz en el exilio

(Dedicado a Helene Weigel)

Ahora se maquilla. Está sentada
sobre el pobre taburete en una blanca celda, encorvada.
Con leves ademanes
se aplica ante el espejo el maquillaje.
Con cuidado elimina del rostro
cualquier peculiaridad: la mínima emoción
lo modificará. A veces
deja caer hacia adelante sus hombros
flacos y nobles como hacen los que
trabajan duro. Ya se ha puesto la tosca blusa
con remiendos en la manga.
Las alpargatas están todavía sobre el tocador.
Cuando ha acabado
pregunta diligente si ya llegó el tambor con el que se hace
el trueno de la tormenta, y si la gran red
está colgada. Entonces se levanta,
pequeña figura, luchadora grande,
para ponerse las alpargatas y representar
la lucha de la mujer del pescador andaluz
contra los generales.

Besuch bei den verbannten Dichtern

*Als er im Traum die Hütte betrat der verbannten
Dichter, die neben der Hütte gelegen ist
Wo die verbannten Lehrer wohnen (er hörte von dort
Streit und Gelächter), kam ihm zum Eingang
Ovid entgegen und sagte ihm halblaut:
»Besser, du setzt dich noch nicht. Du bist noch nicht gestorben. Wer weiß da
Ob du nicht doch noch zurückkehrst? Und ohne daß andres sich ändert
Als du selber.« Doch, Trost in den Augen
Näherte Po Chü-i sich und sagte lächelnd: »Die Strenge
Hat sich jeder verdient, der nur einmal das Unrecht benannte.«
Und sein Freund Tu-fu sagte still: »Du verstehst, die Verbannung
Ist nicht der Ort, wo der Hochmut verlernt wird.« Aber irdischer
Stellte sich der zerlumpte Villon zu ihnen und fragte: »Wie viele
Türen hat das Haus, wo du wohnst?« Und es nahm ihn der Dante beiseite
Und ihn am Ärmel fassend, murmelte er: »Deine Verse
Wimmeln von Fehlern, Freund, bedenk doch
Wer alles gegen dich ist!« Und Voltaire rief hinüber:
»Gib auf den Sou acht, sie hungern dich aus sonst!«
»Und misch Späße hinein!« schrie Heine. »Das hilft nicht«
Schimpfte der Shakespeare, »als Jakob kam
Durfte auch ich nicht mehr schreiben.« »Wenn's zum Prozeß kommt
Nimm einen Schurken zum Anwalt!« riet der Euripides
»Denn der kennt die Löcher im Netz des Gesetzes.« Das Gelächter
Dauerte noch, da, aus der dunkelsten Ecke
Kam ein Ruf: »Du, wissen sie auch*

Visita a los poetas desterrados

Cuando en sueños entró en la cabaña de los poetas
desterrados, que está al lado de la cabaña
donde viven los maestros desterrados (escuchó desde allí
discusión y risas), en la entrada se le acercó
Ovidio y en voz baja le dijo:
"Mejor que todavía no te sientes. Aún no has muerto. ¿Quién sabe
si no habrás de volver? Y sin que cambie nada más
que tú mismo". Pero, con consuelo en sus ojos
se acercó Po Chü-yi y sonriendo dijo: "El rigor
se lo gana cada uno sólo con que una vez nombre la injusticia".
Y su amigo Tu-Fu dijo tranquilo: "¿Comprendes?, el destierro
no es el sitio donde se desaprende el orgullo". Pero más
   terrenal
se les unió el andrajoso Villon y preguntó: ¿Cuántas
puertas tiene la casa donde vives?" Y le llevó a un lado Dante
y cogiéndole del brazo le susurró: "¡Tus versos
están plagados de defectos, amigo, así que piensa
cuánto hay contra ti!" Y Voltaire añadió desde el fondo:
"¡Presta atención al céntimo, si no, te matarán de hambre!"
"¡Y métele chistes!" gritó Heine. "Eso no ayuda"
rezongó Shakespeare, "cuando llegó Jacobo
ni a mí me permitieron ya escribir". – "De llegar a juicio,
¡coge a un granuja de abogado!" recomendó Eurípides,
"pues él se sabrá los agujeros en la red de la ley". La carcajada
duraba aún, cuando del más oscuro rincón
llegó un grito: "Oye, tú, ¿se saben ellos también

*Deine Verse auswendig? Und die sie wissen
Werden sie der Verfolgung entrinnen?« »Das
Sind die Vergessenen«, sagte der Dante leise
»Ihnen wurden nicht nur die Körper, auch die Werke vernichtet.«
Das Gelächter brach ab. Keiner wagte hinüberzublicken. Der
    Ankömmling
War erblaßt.*

tus versos de memoria? Y los que los saben
¿escaparán a la persecución?" – "Esos
son los olvidados," dijo Dante en voz baja, "a ellos
no sólo les destruyeron los cuerpos, sino también las obras."
Las risas se quebraron. Nadie se atrevió a mirar hacia allí. El recién llegado
se había puesto pálido.

*Legende von der Entstehung des Buches Taoteking
auf dem Weg des Laotse in die Emigration*

1
*Als er siebzig war und war gebrechlich
Drängte es den Lehrer doch nach Ruh
Denn die Güte war im Lande wieder einmal schwächlich
Und die Bosheit nahm an Kräften wieder einmal zu.
Und er gürtete den Schuh.*

2
*Und er packte ein, was er so brauchte:
Wenig. Doch es wurde dies und das.
So die Pfeife, die er immer abends rauchte
Und das Büchlein, das er immer las.
Weißbrot nach dem Augenmaß.*

3
*Freute sich des Tals noch einmal und vergaß es
Als er ins Gebirg den Weg einschlug.
Und sein Ochse freute sich des frischen Grases
Kauend, während er den Alten trug.
Denn dem ging schnell genug.*

4
*Doch am vierten Tag im Felsgesteine
Hat ein Zöllner ihm den Weg verwehrt:
»Kostbarkeiten zu verzollen?« — »Keine.«*

Leyenda del origen del libro Tao-Te-King
durante el viaje de Lao Tse hacia la emigración

1
Al cumplir los setenta, y estando ya achacoso,
sintió el maestro ganas de tranquilidad,
pues la bondad volvía a ser débil en el país
y la maldad volvía a recuperar fuerzas.
Y se abrochó el calzado.

2
Y empaquetó lo que necesitaba:
poco. Aunque sí alguna que otra cosa.
Como la pipa, en la que fumaba cada noche,
y el librito que siempre leía.
Y pan blanco a ojo.

3
Disfrutó una vez más del valle y lo olvidó
cuando tomó el camino de la sierra.
Y su buey se alegró rumiando hierba fresca,
mientras llevaba al anciano.
Pues para él iba lo bastante deprisa.

4
Pero al cuarto día entre las peñas
un aduanero le cortó el camino:
"¿Algo de valor que declarar?" – "Nada."

Und der Knabe, der den Ochsen führte, sprach: »Er hat gelehrt.«
Und so war auch das erklärt.

5
Doch der Mann in einer heitren Regung
Fragte noch: »Hat er was rausgekriegt?«
Sprach der Knabe: »Daß das weiche Wasser in Bewegung
Mit der Zeit den mächtigen Stein besiegt.
Du verstehst, das Harte unterliegt.«

6
Daß er nicht das letzte Tageslicht verlöre
Trieb der Knabe nun den Ochsen an.
Und die drei verschwanden schon um eine schwarze Föhre
Da kam plötzlich Fahrt in unsern Mann
Und er schrie: »He, du! Halt an!

7
Was ist das mit diesem Wasser, Alter?«
Hielt der Alte: »Intressiert es dich?«
Sprach der Mann: »Ich bin nur Zollverwalter
Doch wer wen besiegt, das intressiert auch mich.
Wenn du's weißt, dann sprich!

8
Schreib mir's auf! Diktier es diesem Kinde!
So was nimmt man doch nicht mit sich fort.
Da gibt's doch Papier bei uns und Tinte
Und ein Nachtmahl gibt es auch: ich wohne dort.
Nun, ist das ein Wort?«

Y el muchacho que conducía el buey, dijo: "Se ha dedicado
a enseñar." Y con eso quedaba todo claro.

5
Pero aquel hombre, en un arranque afectuoso,
preguntó entonces: "¿Y qué ha sacado en limpio?"
Dijo el muchacho: "Que el agua, aun siendo blanda, en movimiento
con el paso del tiempo vence a la fuerte piedra.
¿Comprendes?, lo duro es derrotado."

6
Para que no perdiera la última luz del día
azuzó al buey entonces el muchacho.
Y los tres se ocultaban ya tras de un pino negro
cuando de pronto echó a correr nuestro hombre
y gritó: "¡Eh, tú! ¡Párate!

7
¿Qué historia es esa del agua, anciano?"
El anciano paró: "¿Te interesa?"
Y el hombre dijo: "Soy sólo un aduanero,
pero quién vence a quién, sí, también me interesa.
¡Si tú lo sabes, dilo!

8
¡Escríbemelo! ¡Díctaselo a este niño!
Una cosa así no hay que quedársela para uno mismo.
En mi casa hay papel y tinta
y también cena: yo vivo allí.
¿Aceptas mi propuesta?"

9
Über seine Schulter sah der Alte
Auf den Mann: Flickjoppe. Keine Schuh.
Und die Stirne eine einzige Falte.
Ach, kein Sieger trat da auf ihn zu.
Und er murmelte: »Auch du?«

10
Eine höfliche Bitte abzuschlagen
War der Alte, wie es schien, zu alt.
Denn er sagte laut: »Die etwas fragen
Die verdienen Antwort.« Sprach der Knabe: »Es wird auch schon kalt.«
»Gut, ein kleiner Aufenthalt.«

11
Und von seinem Ochsen stieg der Weise
Sieben Tage schrieben sie zu zweit.
Und der Zöllner brachte Essen (und er fluchte nur noch leise
Mit den Schmugglern in der ganzen Zeit).
Und dann war's soweit.

12
Und dem Zöllner händigte der Knabe
Eines Morgens einundachtzig Sprüche ein
Und mit Dank für eine kleine Reisegabe
Bogen sie um jene Föhre ins Gestein.
Sagt jetzt: kann man höflicher sein?

13
Aber rühmen wir nicht nur den Weisen
Dessen Name auf dem Buche prangt!

9
El anciano volvió la cabeza y miró
al hombre aquel: chaqueta remendada. Sin zapatos.
Y la frente una arruga toda ella.
No, no es un triunfador, llegó a la conclusión.
Y susurró: "¿También tú?"

10
Para rechazar petición tan cortés
era, al parecer, el anciano demasiado viejo.
Pues dijo en alta voz: "Los que preguntan algo
reciben su respuesta." Y el chico dijo: "Además ya hace frío."
"Bien, haremos una paradita."

11
Y de su buey se apeó el sabio
y escribieron durante siete días.
Y el aduanero trajo de comer (y ya sólo juraba en voz baja
todo el tiempo contra los contrabandistas)
y llegó la hora de despedirse.

12
Y al aduanero le entregó el muchacho
una mañana ochenta y una sentencias
y agradeciéndole un pequeño obsequio para el viaje
desaparecieron entre las rocas tras de aquel pino negro.
Ahora, di: ¿se puede ser más amable?"

13
¡Pero no ensalcemos sólo al sabio
cuyo nombre refulge en el libro!

Denn man muß dem Weisen seine Weisheit erst entreißen.
Darum sei der Zöllner auch bedankt:
Er hat sie ihm abverlangt.

Porque antes hay que sacarle al sabio su sabiduría.
Por ello demos gracias también al aduanero:
fue él quien la exigió.

*Über Kants Definition der Ehe
in der »Metaphysik der Sitten«*

*Den Pakt zu wechselseitigem Gebrauch
Von den Vermögen und Geschlechtsorganen
Den der die Ehe nennt, nun einzumahnen
Erscheint mir dringend und berechtigt auch.*

*Ich höre, einige Partner sind da säumig.
Sie haben – und ich halt's nicht für gelogen –
Geschlechtsorgane kürzlich hinterzogen:
Das Netz hat Maschen und sie sind geräumig.*

*Da bleibt nur: die Gerichte anzugehn
Und die Organe in Beschlag zu nehmen.
Vielleicht wird sich der Partner dann bequemen*

*Sich den Kontrakt genauer anzusehn.
Wenn er sich nicht bequemt – ich fürcht es sehr –
Muß eben der Gerichtsvollzieher her.*

Sobre la definición de Kant del matrimonio en la "Metafísica de las costumbres"

Exigir ahora el pacto para el uso recíproco
de los bienes y órganos sexuales
de que habla el matrimonio, me parece
urgente y además justificado.

Oigo que algunos consortes se demoran
en cumplirlo. Han defraudado —y no lo creo falso—
recientemente órganos sexuales:
la red tiene agujeros y estos son espaciosos.

Sólo queda dirigirse a los juzgados
y confiscar los órganos.
Tal vez entonces consienta el consorte

en examinar el contrato con más precisión.
Y si no se conforma —como mucho me temo—
el ejecutor judicial tendrá que intervenir.

Über Kleists Stück »Der Prinz von Homburg«

O Garten, künstlich in dem märkischen Sand!
O Geistersehn in preußischblauer Nacht!
O Held, von Todesfurcht ins Knien gebracht!
Ausbund von Kriegerstolz und Knechtsverstand!

Rückgrat, zerbrochen mit dem Lorbeerstock!
Du hast gesiegt, doch war's dir nicht befohlen.
Ach, da umhalst nicht Nike dich. Dich holen
Des Fürsten Büttel feixend in den Block.

So sehen wir ihn denn, der da gemeutert
Mit Todesfurcht gereinigt und geläutert
Mit Todesschweiß kalt unterm Siegeslaub.

Sein Degen ist noch neben ihm: in Stücken.
Tot ist er nicht, doch liegt er auf dem Rücken
Mit allen Feinden Brandenburgs in Staub.

Sobre la obra de Kleist "El Príncipe de Homburg"

¡Oh jardín artificial en la arena de la Marca!
¡Oh visión fantasmal en noche de azul prusiano!
¡Oh héroe que cae de rodillas muerto de miedo!
¡Prodigio de valor guerrero y seso de vasallo!

¡Espinazo quebrado con vara de laurel!
Has vencido, pero no te lo habían ordenado.
Ay, no te abraza Nike. Te cogen los esbirros
del príncipe e irónicamente te ponen en el cepo.

Así lo vemos, pues, al que se sublevó
por el miedo mortal purificado y acendrado
por el frío sudor mortal bajo el laurel victorioso.

Aún conserva con él su sable, aunque en pedazos.
Muerto no está, pero yace de espaldas
con todos los enemigos de Brandenburgo en el polvo.

Über Schillers Gedicht »Die Bürgschaft«

O edle Zeit, o menschliches Gebaren!
Der eine ist dem andern etwas schuld.
Der ist tyrannisch, doch er zeigt Geduld
Und läßt den Schuldner auf die Hochzeit fahren.

Der Bürge bleibt. Der Schuldner ist heraus.
Es weist sich, daß natürlich die Natur
Ihm manche Ausflucht bietet, jedoch stur
Kehrt er zurück und löst den Bürgen aus.

Solch ein Gebaren macht Verträge heilig.
In solchen Zeiten kann man auch noch bürgen.
Und, hat's der Schuldner mit dem Zahlen eilig

Braucht man ihn ja nicht allzustark zu würgen.
Und schließlich zeigte es sich ja auch dann:
Am End war der Tyrann gar kein Tyrann!

Sobre el poema de Schiller "La garantía"

¡Oh noble tiempo, oh conducta humana!
Uno le debe al otro algo.
Éste es tirano, pero muestra paciencia
y deja que el deudor vaya a la boda.

Se queda el avalista. El deudor se ha marchado.
Se sabe que la naturaleza naturalmente
le ofrece alguna escapatoria, pero tozudo
vuelve y libera al avalista.

Tal comportamiento hace sagrados los contratos.
En tales tiempos aún se podía avalar.
Y si el deudor se da prisa en el pago

no es necesario apretarle tan fuerte.
¡Además y por último se demuestra también
que al final el tirano no era ningún tirano!

Über Shakespeares Stück »Hamlet«

*In diesem Korpus, träg und aufgeschwemmt
Sagt sich Vernunft als böse Krankheit an
Denn wehrlos unter stahlgeschientem Clan
Steht der tiefsinnige Parasit im Hemd.*

*Bis sie ihn dann die Trommel hören lassen
Die Fortinbras den tausend Narren rührt
Die er zum Krieg um jenes Ländchen führt
»Zu klein, um ihre Leichen ganz zu fassen«.*

*Erst jetzt gelingt's dem Dicken, rot zu sehn.
Es wird ihm klar, er hat genug geschwankt.
Nun heißt's, zu (blutigen) Taten übergehn.*

*So daß man finster nickt, wenn man erfährt
Er hätte sich, wär er hinaufgelangt
Unfehlbar noch höchst königlich bewährt.*

Sobre la obra de Shakespeare "Hamlet"

En este corpus, perezoso e inflado,
se proclama a la razón como mala enfermedad,
pues indefenso bajo el clan con aspecto de acero
se encuentra el melancólico parásito en camisa.

Hasta que acaban haciéndole oír el tambor
que toca Fortinbrás a los mil bufones
a los que conduce a la guerra por aquel paisito
"demasiado pequeño para contener sus cadáveres".

Sólo entonces consigue el gordo verlo todo rojizo.
Se le aclara que ya ha dado bastantes bandazos.
Ahora hay que pasar a la (sangrienta) acción.

Así que se asiente hoscamente cuando se sabe
que, si hubiera llegado a lo alto, habría
salido airoso, además, con la soberanía propia de un rey.

Verjagt mit gutem Grund

Ich bin aufgewachsen als Sohn
Wohlhabender Leute. Meine Eltern haben mir
Einen Kragen umgebunden und mich erzogen
In den Gewohnheiten des Bedientwerdens
Und unterrichtet in der Kunst des Befehlens. Aber
Als ich erwachsen war und um mich sah
Gefielen mir die Leute meiner Klasse nicht
Nicht das Befehlen und nicht das Bedientwerden
Und ich verließ meine Klasse und gesellte mich
Zu den geringen Leuten.

So
Haben sie einen Verräter aufgezogen, ihn unterrichtet
In ihren Künsten und er
Verrät sie dem Feind.

Ja, ich plaudere ihre Geheimnisse aus. Unter dem Volk
Stehe ich und erkläre
Wie sie betrügen, und sage voraus, was kommend wird, denn ich
Bin in ihre Pläne eingeweiht.
Das Lateinisch ihrer bestochenen Pfaffen
Übersetze ich Wort für Wort in die gewöhnliche Sprache, da
Erweist es sich als Humbug. Die Waage ihrer Gerechtigkeit
Nehme ich herab und zeige
Die falschen Gewichte. Und ihre Angeber berichten ihnen
Daß ich mit den Bestohlenen sitze, wenn sie
Den Aufstand beraten.

Perseguido por buenas razones

Yo crecí como hijo
de gente acomodada. Mis padres
me colocaron un cuello duro y me educaron
en las costumbres del ser servido
y me enseñaron el arte de mandar. Pero
cuando crecí y miré a mi alrededor
no me gustaron las gentes de mi clase
ni el ser servido ni el mandar
y abandoné mi clase y me uní
a las gentes humildes.

De modo que educaron
a un traidor,
le enseñaron sus artes
y él los denuncia al enemigo.

Sí, yo divulgo sus secretos. Entre el pueblo
estoy y explico cómo engañan,
y predigo lo que ha de venir, pues en sus planes
he sido iniciado.
El latín de sus corruptos curas al idioma vulgar
lo traduzco palabra por palabra para que se compruebe
que es un engaño. La balanza de su justicia
la descuelgo y muestro
sus pesas falsas. Sus delatores les informan
que yo me siento con los que han sido robados cuando
deliberan sobre la rebelión.

Sie haben mich verwarnt und mir weggenommen
Was ich durch meine Arbeit verdiente. Und als ich mich nicht besserte
Haben sie Jagd auf mich gemacht, aber
Da waren
Nur noch Schriften in meinem Haus, die ihre Anschläge
Gegen das Volk aufdeckten. So
Haben sie einen Steckbrief hinter mir hergesandt
Der mich niedriger Gesinnung beschuldigt, das ist
Der Gesinnung der Niedrigen.

Wo ich hinkomme, bin ich so gebrandmarkt
Vor allen Besitzenden, aber die Besitzlosen
Lesen den Steckbrief und
Gewähren mir Unterschlupf. Dich, höre ich da
Haben sie verjagt mit
Gutem Grund.

Me han advertido y me han quitado
lo que gané con mi trabajo. Y como no me corregía
me persiguieron, pero
en mi casa
sólo había escritos que descubrían
sus planes contra el pueblo. Por eso
dictaron contra mí una orden de detención
que me acusa de bajas convicciones, es decir
de las convicciones de los de abajo.

Así que, vaya a donde vaya, estoy marcado a fuego
para todos los propietarios, pero los que nada poseen
leen la orden de detención y
me ofrecen refugio. A ti, escucho que me dicen,
te andan persiguiendo
por buenas razones.

Ardens sed virens

Herrlich, was im schönen Feuer
Nicht zu kalter Asche kehrt!
Schwester, sieh, du bist mir teuer
Brennend, aber nicht verzehrt.

Viele sah ich schlau erkalten
Hitzige stürzen unbelehrt
Schwester, dich kann ich behalten
Brennend, aber nicht verzehrt.

Ach, für dich stand, wegzureiten
Hinterm Schlachtfeld nie ein Pferd
Darum sah ich dich mit Vorsicht streiten
Brennend, aber nicht verzehrt.

Ardens sed virens

¡Soberbio lo que en el fuego hermoso
no se vuelve fría ceniza!
Mira, hermana, me gustas
ardiente, pero no consumida.

Vi enfriarse a muchas prudentes,
a las fogosas derrumbarse sin aprender;
hermana, a ti te puedo conservar
ardiente, pero no consumida.

Ay, para que tú escapases, nunca había
ningún caballo cerca del campo de batalla;
por eso te vi discutir con precaución,
ardiente, pero no consumida.

Lied des Glücksgotts

(M. S. Gewidmet)

Freunde, wenn ich die Würfel euch werf
Kommt es, daß ich schaudre
Denn der Schlechte braucht nur Nerv
Aber Glück braucht der Lautre.

Und, wie's so ist, bei meinem Beruf
Heißt es, sich beeilen
Streckt eure Hände aus: in einem Huf
Kann ich nichts austeilen.

Bei meinem trüglichen Augenlicht
Hab ich oft dem Falschen gespendet
Wein und Weißbrot und Fleischgericht
War an den Kerl verschwendet.

Racker mich ab, bis ich keuch und schwitz
Und kann ihn nicht glücklich machen
Sorg für den allergepfeffersten Witz
Aber er kann nicht lachen.

Unter uns, ich nehm gern Partei
Für die unruhigen Geister
Schenk ihnen grinsend ein fauliges Ei
Und find dann meinen Meister.

Ach, ich liefre fürs Leben gern
Ein Schiff und nicht nur einen Hafen.

Canción del Dios de la fortuna

(dedicada a M.S.)

Amigos, cuando os echo los dados
sucede que me dan escalofríos
pues al malo le basta con el nervio,
pero el sincero necesita suerte.

Y, siendo eso así, en mi oficio
se dice, darse prisa
te estira las manos; en una pezuña
nada puedo escanciar.

Con mi vista engañosa
a menudo he regalado al traidor
vino y pan blanco, y comida con carne
se ha desperdiciado en ese tipo.

Me mato trabajando hasta que toso y sudo
y no logro hacerle feliz;
ando buscando el chiste más picante
pero él no logra reír.

Entre nosotros, me gusta tomar partido
a favor de los espíritus inquietos;
les regalo con una mueca un huevo podrido
y entonces encuentro a mi maestro.

Ay, para la vida me encanta suministrar
un barco y no sólo un puerto.

Freunde, duldet nicht nur keinen Herrn
Sondern auch keinen Sklaven!

Freunde, dann mach ich aus Mühsal euch Spaß
Und kleidsame Narben aus Wunden.
Ja, die Unverschämten, das
Sind meine liebsten Kunden.

Freunde, ich bin ein billiger Gott
Und es gibt so viel teure!
Opfert ihr ihnen die Traube vom Pott
Opfert ihr mir nur die Säure!

¡Amigos, no sólo no aceptéis a ningún amo,
sino tampoco a ningún esclavo!

Amigos, luego os haré gracias con vuestras penas
y cicatrices elegantes con vuestras heridas.
Sí, los descarados, ésos
son mis clientes preferidos.

Amigos, soy un Dios barato
¡y hay tantos caros!
Si a ellos les sacrificáis las uvas del tarro,
¡sacrificadme a mí sólo el vinagre!

Mutter Courages Lied

Herr Hauptmann, laß die Trommel ruhen
Und laß dein Fußvolk halten an:
Mutter Courage, die kommt mit Schuhen
In denen's besser laufen kann.
Mit seinen Läusen und Getieren
Bagasch, Kanone und Gespann –
Soll es dir in den Tod marschieren
So will es gute Schuhe han.
Das Frühjahr kommt. Wach auf, du Christ!
Der Schnee schmilzt weg. Die Toten ruhn.
Doch was noch nicht gestorben ist
Das macht sich auf die Socken nun.

Herr Hauptmann, deine Leut marschieren
Dir ohne Wurst nicht in den Tod.
Laß die Courage sie erst kurieren
Mit Wein von Leibs- und Geistesnot.
Kanonen auf die leeren Mägen
Herr Hauptmann, das ist nicht gesund
Doch sind sie satt, hab meinen Segen
Und führ sie in den Höllenschlund.
Das Frühjahr kommt. Wach auf, du Christ!
Der Schnee schmilzt weg. Die Toten ruhn.
Doch was noch nicht gestorben ist
Das macht sich auf die Socken nun.

La canción de madre Coraje

Señor Capitán, que descanse el tambor
y que paren tus soldados de a pie:
Madre Coraje llega con zapatos
en los que correrán mucho mejor.
Con sus pulgas y demás animales,
con su carga, cañones y atelaje,
si quieres que marchen a la muerte
querrán tener buenos zapatos.
Llega la primavera. ¡Despierta ya, cristiano!
Se derrite la nieve y descansan los muertos.
Pero lo que no ha muerto todavía,
ahora se pone en marcha.

Señor Capitán, tus gentes no marchan
sin una salchicha a la muerte.
Deja que Coraje primero les cure
con vino las penas del cuerpo y el alma.
Cañones sobre estómagos vacíos
señor Capitán, eso no es sano
pero si están saciados, toma mi bendición
y llévalos al abismo infernal.
Llega la primavera. ¡Despierta ya, cristiano!
Se derrite la nieve y descansan los muertos.
Pero lo que no ha muerto todavía,
ahora se pone en marcha.

So mancher wollt so manches haben
Was es für manchen gar nicht gab;
Er wollt sich schlau ein Schlupfloch graben
Und grub sich nur ein frühes Grab.
Schon manchen sah ich sich abjagen
In Eil nach einer Ruhestatt –
Liegt er dann drin, mag er sich fragen
Warum's ihm so geeilet hat.
Das Frühjahr kommt. Wach auf, du Christ!
Der Schnee schmilzt weg. Die Toten ruhn.
Doch was noch nicht gestorben ist
Das macht sich auf die Socken nun.

Von Ulm nach Metz, von Metz nach Mähren!
Mutter Courage ist dabei!
Der Krieg wird seinen Mann ernähren
Er braucht nur Pulver zu und Blei.
Von Blei allein kann er nicht leben
Von Pulver nicht, er braucht auch Leut!
Müßt's euch zum Regiment begeben
Sonst steht er um! So kommt noch heut!
Das Frühjahr kommt. Wach auf, du Christ!
Der Schnee schmilzt weg. Die Toten ruhn.
Doch was noch nicht gestorben ist
Das macht sich auf die Socken nun.

Mit seinem Glück, seiner Gefahre
Der Krieg, er zieht sich etwas hin:
Der Krieg, er dauert hundert Jahre
Der gemeine Mann hat kein'n Gewinn.

Alguno pretendía tener algo
que para alguno ni siquiera existe;
se quería cavar un escondite, el muy listo,
y sólo se cavó una fosa temprana.
A más de uno vi escapar a toda prisa
en busca de un sitio tranquilo;
cuando en él yazga, podrá preguntarse
por qué tenía tanta prisa.
Llega la primavera. ¡Despierta ya, cristiano!
Se derrite la nieve y descansan los muertos.
Pero lo que no ha muerto todavía,
ahora se pone en marcha.

¡Desde Ulm a Metz, de Metz a Moravia!
¡Madre Coraje está siempre con ellos!
La guerra alimentará a su hombre,
él sólo necesita plomo y pólvora.
De plomo sólo no puede vivir,
de pólvora tampoco, ¡necesita gente!
Tenéis que alistaros al regimiento;
¡si no, lo echan! ¡Venid hoy mismo!
Llega la primavera. ¡Despierta ya, cristiano!
Se derrite la nieve y descansan los muertos.
Pero lo que no ha muerto todavía,
ahora se pone en marcha.

Con su suerte y sus peligros
la guerra se prolonga un poco:
la guerra dura ya cien años
el hombre de a pie no saca nada.

Ein Dreck sein Fraß, sein Rock ein Plunder!
Sein' halben Sold stiehlt's Regiment
Jedoch vielleicht geschehn noch Wunder:
Der Feldzug ist noch nicht zu End!
Das Frühjahr kommt. Wach auf, du Christ!
Der Schnee schmilzt weg. Die Toten ruhn.
Doch was noch nicht gestorben ist
Das macht sich auf die Socken nun.

¡Su comida es basura, sus ropas harapos!
La mitad de su soldada la roba el regimiento
pero aún puede suceder algún milagro:
¡la campaña todavía no ha acabado!
Llega la primavera. ¡Despierta ya, cristiano!
Se derrite la nieve y descansan los muertos.
Pero lo que no ha muerto todavía,
ahora se pone en marcha.

Lob des Zweifels

Gelobt sei der Zweifel! Ich rate euch, begrüßt mir
Heiter und mit Achtung den
Der euer Wort wie einen schlechten Pfennig prüft!
Ich wollte, ihr wäret weise und gäbt
Euer Wort nicht allzu zuversichtlich.

Lest die Geschichte und seht
In wilder Flucht die unbesieglichen Heere.
Allenthalben
Stürzen unzerstörbare Festungen ein und
Wenn die auslaufende Armada unzählbar war
Die zurückkehrenden Schiffe
Waren zählbar.

So stand eines Tages ein Mann auf dem unbesteigbaren Berg
Und ein Schiff erreichte das Ende des
Unendlichen Meers.

O schönes Kopfschütteln
Über der unbestreitbaren Wahrheit!
O tapfere Kur des Arztes
An dem rettungslos verlorenen Kranken!

Schönster aller Zweifel aber
Wenn die verzagten Geschwächten den Kopf heben und
An die Stärke ihrer Unterdrücker
Nicht mehr glauben!

Elogio de la duda

¡Alabada sea la duda! Os aconsejo que saludéis
cordial y atentamente a aquél
que pone a prueba vuestra palabra como falsa moneda.
Quisiera que fuerais sabios y no dieseis
vuestra palabra con demasiada confianza.

Leed la historia y ved
huir en desbandada a ejércitos invencibles.
En todas partes
se derrumban fuertes indestructibles y
aunque la Armada invencible al partir era incontable
las naves que volvieron
sí que podían contarse.

Así es como un hombre subió un día a lo alto del monte inaccesible
y un barco llegó al confín
del infinito océano.

¡Oh qué hermoso es sacudir la cabeza
ante la verdad indiscutible!
¡Oh valiente curación del médico
en el enfermo completamente desahuciado!

¡Pero la más hermosa de las dudas
es cuando los débiles y desanimados alzan la cabeza
y ya no creen
en la fuerza de sus opresores!

Oh, wie war doch der Lehrsatz mühsam erkämpft!
Was hat er an Opfern gekostet!
Daß dies so ist und nicht etwa so
Wie schwer war's zu sehen doch!
Aufatmend schrieb ihn ein Mensch eines Tags in das Merkbuch des Wissens ein.
Lange steht er vielleicht nun da drin und viele Geschlechter
Leben mit ihm und sehn ihn als ewige Weisheit
Und es verachten die Kundigen alle, die ihn nicht wissen.
Und dann mag es geschehn, daß ein Argwohn entsteht, denn neue Erfahrung
Bringt den Satz in Verdacht. Der Zweifel erhebt sich.
Und eines anderen Tags streicht ein Mensch im Merkbuch des Wissens
Bedächtig den Satz durch.

Von Kommandos umbrüllt, gemustert
Ob seiner Tauglichkeit von bärtigen Ärtzen, inspiziert
Von strahlenden Wesen mit goldenen Abzeichen, ermahnt
Von feierlichen Pfaffen, die ihm ein von Gott selber verfaßtes Buch um die Ohren schlagen
Belehrt
Von ungeduldigen Schulmeistern, steht der Arme und hört
Daß die Welt die beste der Welten ist und daß das Loch
Im Dach seiner Kammer von Gott selber geplant ist.
Wirklich, er hat es schwer
An dieser Welt zu zweifeln.

Schweißtriefend bückt sich der Mann, der das Haus baut, in dem er nicht wohnen soll
Aber es schuftet schweißtriefend auch der Mann, der sein eigenes Haus baut.

¡Oh, cuánto trabajó costó combatir ese dogma!
¡Cuántas víctimas ha costado!
¡Y qué difícil resultaba ver
que esto es así y no de otra manera!
Suspirando de alivio lo escribió un hombre un día en el libro
 de notas del saber.
Tal vez siga escrito en él mucho tiempo y muchas generaciones
vivan con ello y lo vean como verdad eterna
y desprecien los informados a quienes no lo sepan.
Y luego puede suceder que surja una sospecha, que nuevas
 experiencias
hagan sospechoso ese principio. Se alzarán dudas.
Y otro día tachará el hombre en el libro de notas del saber
prudentemente aquella frase.

Rodeado por los aullidos de las órdenes, examinada
su aptitud para el servicio por doctores con barba, inspeccionado
por seres relucientes con doradas condecoraciones,
amonestado por curas solemnes que le sacuden los oídos con
 un libro escrito por Dios mismo,
instruido
por maestros de escuela sin paciencia, está el pobre y escucha
que el mundo es el mejor de los mundos y que el agujero
del techo de su habitación ha sido planeado por Dios mismo.
Realmente, le resulta difícil
dudar de este mundo.

Bañado en sudor se inclina el hombre que construye la casa en
 la que no ha de vivir,
pero también se mata a trabajar bañado en sudor el hombre que
 construye su propia casa.

Da sind die Unbedenklichen, die niemals zweifeln.
Ihre Verdauung ist glänzend, ihr Urteil ist unfehlbar.
Sie glauben nicht den Fakten, sie glauben nur sich. Im Notfall
Müssen die Fakten dran glauben. Ihre Geduld mit sich selber
Ist unbegrenzt. Auf Argumente
Hören sie mit dem Ohr des Spitzels.

Den Unbedenklichen, die niemals zweifeln
Begegnen die Bedenklichen, die niemals handeln.
Sie zweifeln nicht, um zur Entscheidung zu kommen, sondern
Um der Entscheidung auszuweichen. Köpfe
Benützen sie nur zum Schütteln. Mit besorgter Miene
Warnen sie die Insassen sinkender Schiffe vor dem Wasser.
Unter der Axt des Mörders
Fragen sie sich, ob er nicht auch ein Mensch ist.
Mit der gemurmelten Bemerkung
Daß die Sache noch nicht druchforscht ist, steigen sie ins Bett.
Ihre Tätigkeit besteht in Schwanken.
Ihr Lieblingswort ist: nicht spruchreif.

Freilich, wenn ihr den Zweifel lobt
So lobt nicht
Das Zweifeln, das ein Verzweifeln ist!

Was hilft zweifeln können dem
Der sich nicht entschließen kann!
Falsch mag handeln
Der sich mit zu wenigen Gründen begnügt

Son los irreflexivos los que nunca dudan.
Su digestión es brillante, su juicio es infalible.
No creen en los hechos, sólo creen en sí mismos. En caso de necesidad
tienen que creer en ellos también los hechos. Su paciencia consigo mismos
es ilimitada. Los argumentos
los escuchan con oído de espía.

A los irreflexivos, que nunca dudan,
se oponen los reflexivos, que nunca actúan.
No dudan para llegar a una decisión, sino
para evitar una decisión. La cabeza
la utilizan sólo para menearla. Con gesto serio
advierten a los pasajeros de las naves que se hunden de los peligros del agua.
Bajo el hacha del asesino
se preguntan si no hay también un ser humano.
Refunfuñando una observación
sobre que el asunto aún no está del todo claro, se meten en la cama.
Su actividad consiste en vacilar.
Su frase preferida es: aún no está listo para sentencia.

Así que, si elogiáis la duda,
no elogiéis
la duda que es desesperación.

¿De qué le sirve poder dudar a aquél
que no puede decidirse?
Puede equivocarse al actuar
aquél a quien le bastan pocas razones,

*Aber untätig bleibt in der Gefahr
Der zu viele braucht.*

*Du, der du ein Führer bist, vergiß nicht
Daß du es bist, weil du an Führern gezweifelt hast!
So gestatte den Geführten
Zu zweifeln!*

pero se queda inactivo en el peligro
el que necesita demasiadas.

¡Tú, que eres un dirigente, no olvides
que lo eres porque has dudado de los dirigentes!
¡Así que permite a los dirigidos
que duden!

Schlechte Zeit für Lyrik

*Ich weiß doch: nur der Glückliche
Ist beliebt. Seine Stimme
Hört man gern. Sein Gesicht ist schön.*

*Der verkrüppelte Baum im Hof
Zeigt auf den schlechten Boden, aber
Die Vorübergehenden schimpfen ihn einen Krüppel
Doch mit Recht.*

*Die grünen Boote und die lustigen Segel des Sundes
Sehe ich nicht. Von allem
Sehe ich nur der Fischer rissiges Garnnetz.
Warum rede ich nur davon
Daß die vierzigjährige Häuslerin gekrümmt geht?
Die Brüste der Mädchen
Sind warm wie ehedem.*

*In meinem Lied ein Reim
Käme mir fast vor wie Übermut.*

*In mir streiten sich
Die Begeisterung über den blühenden Apfelbaum
Und das Entsetzen über die Reden des Anstreichers.
Aber nur das zweite
Drängt mich zum Schreibtisch.*

Malos tiempos para la lírica

Sí, ya sé: sólo al que es feliz
se le quiere. Su voz
se oye con gusto. Su rostro es bello

El árbol achaparrado del patio
indica que el terreno es malo, pero
los que pasan lo tildan de chaparro
con razón.

Los barcos verdes y las alegres velas del Sund
no los veo. De todo
veo sólo la gigantesca red del pescador.
¿Por qué hablo únicamente
de que la aldeana a los cuarenta anda encorvada?
Los pechos de las chicas
son tibios como antaño.

En mi canción una rima
casi me resultaría una insolencia.

En mí luchan
el entusiasmo por el manzano en flor
y el espanto ante los discursos del pintor de brocha gorda.
Pero sólo lo segundo
me impulsa a escribir.

Über Deutschland

Ihr freundlichen bayrischen Wälder, ihr Mainstädte
Fichtenbestandene Rhön, du, schattiger Schwarzwald
Ihr sollt bleiben.
Thüringens rötliche Halde, sparsamer Strauch der Mark und
Ihr schwarzen Städte der Ruhr, von Eisenkähnen durchzogen,
 warum
Sollt ihr nicht bleiben?
Auch du, vielstädtiges Berlin
Unter und über dem Asphalt geschäftig, kannst bleiben und ihr
Hanseatische Häfen bleibt und Sachsens
Wimmelnde Städte, ihr bleibt und ihr schlesischen Städte
Rauchüberzogene, nach Osten blickende, bleibt auch.
Nur der Abschaum der Generäle und Gauleiter
Nur die Fabrikherren und Börsenmakler
Nur die Junker und Statthalter sollen verschwinden.
Himmel und Erde und Wind und das von den Menschen Geschaffene
Kann bleiben, aber
Das Geschmeiß der Ausbeuter, das
Kann nicht bleiben.

Sobre Alemania

Amables bosques bávaros, ciudades junto al Meno,
Rhön flanqueado de abetos, y tú, umbrosa Selva Negra,
os tenéis que quedar.
Rojizas lomas de Turingia, ahorradores arbustos de la Marca y
vosotras, negras ciudades del Ruhr, cruzadas por barcazas de
    hierro, ¿por qué
no ibais a quedaros?
También tú, Berlin, ciudad múltiple,
activa bajo el asfalto y sobre él, tú puedes quedarte y vosotros,
puertos hanseáticos, quedaos y las hormigueantes
ciudades de Sajonia, os quedáis y vosotras, ciudades de Silesia,
cubiertas de humo, mirando hacia el este, también os quedáis.
Sólo la escoria de los generales y los gobernadores civiles,
sólo los dueños de fábricas y los especuladores en bolsa,
sólo los señores feudales y los lugartenientes deben desaparecer.
Cielo y tierra y viento y lo creado por las personas
puede quedarse, pero
la chusma de los explotadores, ésa
no puede quedarse.

Finnische Landschaft

Fischreiche Wässer! Schönbaumige Wälder!
Birken- und Beerenduft!
Vieltoniger Wind, durchschaukelnd eine Luft
So mild, als stünden jene eisernen Milchbehälter
Die dort vom weißen Gute rollen, offen!
Geruch und Ton und Bild und Sinn verschwimmt.
Der Flüchtling sitzt im Erlengrund und nimmt
Sein schwieriges Handwerk wieder auf: das Hoffen.

Er achtet gut der schöngehäufen Ähre
Und starker Kreatur, die sich zum Wasser neigt
Doch derer auch, die Korn und Milch nicht nährt.
Er fragt die Fähre, die mit Stämmen fährt:
Ist dies das Holz, ohn das kein Holzbein wäre?
Und sieht ein Volk, das in zwei Sprachen schweigt.

Paisaje finlandés

¡Aguas ricas en peces! ¡Bosques de hermosos árboles!
¡Aroma de abedules y de bayas!
¡Viento multitonal, columpiando un aire
tan suave cual si aquellas lecheras de hierro
que van rodando por la granja blanca estuvieran abiertas!
Olfato y sonido e imagen y sentido se funden.
El fugitivo se sienta en el bosque de alisos y vuelve
a su difícil artesanía: el desear.

Presta atención a las espigas bien apiladas
y a la fuerte criatura que se inclina hacia el agua,
pero también a aquellos que ni grano ni leche alimentan.
Pregunta a la balsa, que con troncos viaja:
¿es ésta la madera, sin la que no habría patas de palo?
Y ve un pueblo que calla en dos lenguas.

Die Verlustliste

Flüchtend vom sinkenden Schiff, besteigend ein sinkendes
– Noch ist in Sicht kein neues –, notiere ich
Auf einem kleinen Zettel die Namen derer
Die nicht mehr um mich sind.
Kleine Lehrerin aus der Arbeiterschaft
MARGARETE STEFFIN. Mitten im Lehrkurs
Erschöpft von der Flucht
Hinsiechte und starb die Weise.
So auch verließ mich der Widersprecher
Vieles Wissende, neues Suchende
WALTER BENJAMIN. An der unübertretbaren Grenze
Müde der Verfolgung, legte er sich nieder.
Nicht mehr aus dem Schlaf erwachte er.
Und der stetige, des Lebens freudige
KARL KOCH, Meister im Disput
Merzte sich aus in dem stinkenden Rom, betrügend
Die eindringende SS.
Und nichts höre ich mehr von
KASPAR NEHER, dem Maler. Könnte ich doch wenigstens ihn
Streichen von dieser Liste!

Diese holte der Tod. Andere
Gingen weg von mir für des Lebens Notdurft
Oder Luxus.

La lista de los desaparecidos

Huyendo del barco que se hunde, subiendo a otro hundido
—aún no hay a la vista ninguno nuevo— anoto
en un papelito los nombres de aquéllos
que ya no están junto a mí.
Maestrita de la clase obrera
MARGARETE STEFFIN. En mitad del curso,
agotada por la huida,
se consumió y murió ella, la sabia.
Así también me abandonó el contradictor
que mucho sabía, el buscador de lo nuevo,
WALTER BENJAMIN. En la frontera infranqueable,
cansado de la persecución, se acostó.
Ya no volvió a despertar del sueño.
Y el constante, el amante de la vida,
KARL KOCH, maestro en disputas,
se exterminó en la apestosa Roma, burlando
a las persuasivas SS.
Y nada oigo ya de
CASPAR NEHER, el pintor. ¡Si al menos a él
lo pudiera borrar de esta lista!

A éstos se los llevó la muerte. A otros
los alejaron de mí las necesidades de la vida
o el lujo.

Nach dem Tod meiner Mitarbeiterin M. S.

Seit du gestorben bist, kleine Lehrerin
Gehe ich blicklos herum, ruhelos
In einer grauen Welt staunend
Ohne Beschäftigung wie ein Entlassener.

Verboten
Ist mir der Zutritt zur Werkstatt, wie
Allen Fremden.

Die Straßen sehe ich und die Anlagen
Nunmehr zu ungewohnten Tageszeiten, so
Kenn ich sie kaum wieder.

Heim
Kann ich nicht gehen: ich schäme mich
Daß ich entlassen bin und
Im Unglück.

Tras la muerte de mi colaboradora M. S.

Desde que has muerto, maestrita,
voy de aquí para allá sin mirar, asombrándome
sin descanso en un mundo gris,
sin ocupación, como alguien a quien han despedido.

Prohibida
me está la entrada a mi lugar de trabajo, como
a todo el personal ajeno.

Veo las calles y los sitios
ahora en momentos inhabituales, así que
apenas los reconozco.

A casa
no puedo ir: me avergüenzo
de que me hayan soltado y
de ser infeliz.

Die Maske des Bösen

An meiner Wand hängt ein japanisches Holzwerk
Maske eines bösen Dämons, bemalt mit Goldlack.
Mitfühlend sehe ich
Die geschwollenen Stirnadern, andeutend
Wie sehr es anstrengt, böse zu sein.

La máscara del mal

Una talla en madera japonesa cuelga de mi pared,
máscara de un demonio maligno, en laca dorada.
Veo con compasión
las venas hinchadas de su frente, que insinúan
el esfuerzo que cuesta ser malvado.

Ich, der Überlebende

*Ich weiß natürlich: einzig durch Glück
Habe ich so viele Freunde überlebt. Aber heute nacht im Traum
Hörte ich diese Freunde von mir sagen: »Die Stärkeren überleben«
Und ich haßte mich.*

Yo, el superviviente

Sé, naturalmente, que he sobrevivido
a tantos amigos tan sólo por suerte. Pero esta noche en sueños
escuché que decían de mí esos amigos: "Los más fuertes sobreviven"
y me odié.

Und was bekam des Soldaten Weib?

*Und was bekam des Soldaten Weib
Aus der alten Hauptstadt Prag?
Aus Prag bekam sie die Stöckelschuh
Einen Gruß und dazu die Stöckelschuh
Das bekam sie aus der Stadt Prag.*

*Und was bekam des Soldaten Weib
Aus Oslo über dem Sund?
Aus Oslo bekam sie das Mützchen aus Pelz
Hoffentlich gefällt's, das Mützchen aus Pelz!
Das bekam sie aus Oslo am Sund.*

*Und was bekam des Soldaten Weib
Aus dem reichen Amsterdam?
Aus Amsterdam bekam sie den Hut
Und er steht ihr gut, der holländische Hut
Den bekam sie aus Amsterdam.*

*Und was bekam des Soldaten Weib
Aus Brüssel im belgischen Land?
Aus Brüssel bekam sie die seltenen Sptizen
Ach das zu besitzen, so seltene Spitzen!
Die bekam sie aus belgischem Land.*

*Und was bekam des Soldaten Weib
Aus der Lichterstadt Paris?
Aus Paris bekam sie das seidene Kleid*

¿Y qué recibió la mujer del soldado?

¿Y qué recibió la mujer del soldado
de Praga, la antigua capital?
Zapatos con tacón de aguja recibió de Praga,
un saludo y zapatos con tacón de aguja
recibió de la ciudad de Praga.

¿Y qué recibió la mujer del soldado
de Oslo, allí en el Sund?
De Oslo recibió el gorrito de piel,
¡ojalá le guste el gorrito de piel!
que recibió de Oslo en el Sund.

¿Y qué recibió la mujer del soldado
de la rica Amsterdam?
De Amsterdam recibió el sombrero
y le sentó bien el sombrero holandés
que recibió desde Amsterdam.

¿Y qué recibió la mujer del soldado
de Bruselas, en tierras de Bélgica?
De Bruselas recibió los raros encajes
¡ah, tener algo así, tan raros encajes!
que recibió de tierras de Bélgica.

¿Y qué recibió la mujer del soldado
de París, la ciudad de la luz?
De París recibió el vestido de seda,

Zu der Nachbarin Neid das seidene Kleid
Das bekam sie aus Paris.

Und was bekam des Soldaten Weib
Aus dem südlichen Bukarest?
Aus Bukarest bekam sie das Hemd
So bunt und so fremd, ein rumänisches Hemd!
Das bekam sie aus Bukarest.

Und was bekam des Soldaten Weib
Aus dem kalten Russenland?
Aus Rußland bekam sie den Witwenschleier
Zu der Totenfeier den Witwenschleier
Das bekam sie aus Russenland.

para envidia de la vecina el vestido de seda
que recibió de París.

¿Y qué recibió la mujer del soldado
de la sureña Bucarest?
De Bucarest recibió la camisa
tan llamativa y tan exótica, ¡una camisa rumana!
recibió de Bucarest.

¿Y qué recibió la mujer del soldado
de la helada tierra rusa?
De Rusia recibió el velo de viuda
para los funerales, el velo de viuda
recibió de Rusia.

Als der Nobelpreisträger Thomas Mann den Amerikanern und Engländern das Recht zusprach, das deutsche Volk für die Verbrechen des Hitlerregimes zehn Jahre lang zu züchtigen

1

Züchtigt den Gezüchtigten nur weiter!
Züchtigt ihn im Namen des Ungeists!
Züchtigt ihn im Namen des Geists!

Die Hände im dürren Schoß
Verlangt der Geflüchtete den Tod einer halben Million Menschen.
Für ihre Opfer verlangt er
Zehn Jahre Bestrafung. Die Dulder
Sollen gezüchtigt werden.

Der Preisträger hat den Kreuzträger aufgefordert
Seine bewaffneten Peiniger mit bloßen Händen anzufallen.
Die Presse brachte keine Antwort. Jetzt
Fordert der Beleidigte die Züchtigung
Des Gekreuzigten.

2

Einen Hunderttausenddollarnamen zu gewinnen
Für die Sache des gepeinigten Volkes
Zog der Schreiber seinen guten Anzug an
Mit Bücklingen

Cuando el premio Nobel Thomas Mann les concedió a los americanos y a los ingleses el derecho a fustigar durante diez años al pueblo alemán por los crímenes cometidos por el régimen de Hitler

1

¡Castigad al castigado aún más!
¡Castigadle en nombre del antiespíritu!
¡Castigadle en nombre del espíritu!

Con las manos en el seco regazo
el huido exige la muerte de medio millón de personas.
Por sus víctimas exige
diez años de castigo. Los consentidores
deben ser castigados.

El ganador del premio ha exigido al portador de la cruz
que ataque con sus manos vacías a sus armados castigadores.
La prensa no traía contestación. Ahora
exige el ofendido el castigo
del crucificado.

2

Para ganar un nombre de cien mil dólares
por la causa del pueblo castigado
se puso el escribano su mejor traje
con reverencias

Nahte er sich dem Besitzer.
Ihn zu verführen mit glatten Worten
Zu einer gnädigen Äußerung über das Volk
Ihn zu bestechen mit Schmeichelei
Zu einer guten Tat
Ihm listig vorzuspiegeln
Daß die Ehrlichkeit sich bezahlt macht.

Mißtrauisch horchte der Gefeierte.
Für einen Augenblick
Erwog er, auch hier gefeiert zu werden, die Möglichkeit
Schreib auf, mein Freund, ich halte es für meine Pflicht
Etwas für das Volk zu tun. Eilig
Schrieb der Schreiber die kostbaren Worte auf, gierig
Nach weiterem hochblickend, sah er nur noch den Rücken
Des Gefeierten im Türrahmen. Der Anschlag
War mißglückt.

3

Und für einen Augenblick auch
Stand der Bittsteller verwirrt
Denn die Knechtseligkeit
Machte ihm Kummer, wo er immer sie traf.

Aber dann, eingedenk
Daß dieser verkommene Mensch
Lebte von seiner Verkommenheit, das Volk aber
Nur den Tod gewinnt, wenn es verkommt
Ging er ruhiger weg.

se aproximó al propietario.
Para seducirle con palabras llanas
y que tenga una frase clemente con el pueblo,
para sobornarle con adulaciones
y que haga una buena acción,
para presentarle astutamente ante el espejismo
de que la honradez acaba por pagarse.

El agasajado escuchó con desconfianza.
Por un instante sopesó la posibilidad
de que también aquí lo celebrasen,
apunta, amigo mío, creo que es obligación
mía hacer algo por mi pueblo. Rápido
anotó el escribano las valiosas palabras; ávido por captar
algo más alzó los ojos: vio tan sólo en el marco de la puerta
la espalda del celebrado. El plan
había fracasado.

3

Y por sólo un instante
el mendicante se quedó de pie
pues la mentalidad de vasallo
le producía pesar, allí donde se la encontrase.

Pero entonces, pensando
que esa persona corrupta
vivía de su corrupción, y el pueblo, sin embargo,
sólo gana la muerte al corromperse,
se marchó más tranquilo.

Die Rückkehr

Die Vaterstadt, wie find ich sie doch?
Folgend den Bomberschwärmen
Komm ich nach Haus.
Wo denn liegt sie? Wo die ungeheueren
Gebirge von Rauch stehn.
Das in den Feuern dort
Ist sie.

Die Vaterstadt, wie empfängt sie mich wohl?
Vor mir kommen die Bomber. Tödliche Schwärme
Melden euch meine Rückkehr. Feuersbrünste
Gehen dem Sohn voraus.

El regreso

Mi ciudad natal, ¿cómo la encuentro?
Después de los enjambres de bombarderos
vuelvo a casa.
¿Dónde está? Donde están
las montañas enormes de humo.
Aquélla en medio del incendio,
ésa es.

Mi ciudad natal, ¿cómo me recibe?
Delante de mí van los bombarderos. Enjambres mortales
anuncian mi regreso. El ardor del incendio
precede al hijo.

Es wechseln die Zeiten. *Die riesigen Pläne*
Der Mächtigen kommen am Ende zum Halt.
Und gehn sie einher auch wie blutige Hähne
Es wechseln die Zeiten, da hilft kein Gewalt.
Am Grunde der Moldau wandern die Steine.
Es liegen drei Kaiser begraben in Prag.
Das Große bleibt groß nicht und klein nicht das Kleine.
Die Nacht hat zwölf Stunden, dann kommt schon der Tag.

Cambian los tiempos. Los gigantescos planes
de los poderosos al final se detienen.
Y aunque se paseen como gallos ensangrentados
los tiempos cambian, no hay fuerza que lo impida.
Sobre el fondo del Moldava ruedan las piedras.
Hay tres emperadores enterrados en Praga.
Lo grande ya no es grande ni es ya pequeño lo pequeño.
La noche dura doce horas, y luego llega el día.

Hollywoodelegien

1

Das Dorf Hollywood ist entworfen nach den Vorstellungen
Die man hierorts von Himmel hat. Hierorts
Hat man ausgerechnet, daß Gott
Himmel und Hölle benötigend, nicht zwei
Etablissements zu entwerfen brauchte, sondern
Nur ein einziges, nämlich den Himmel. Dieser
Dient für die Unbemittelten, Erfolglosen
Als Hölle.

2

Am Meer stehen die Öltürme. In den Schluchten
Bleichen die Gebeine der Goldwäscher. Ihre Söhne
Haben die Traumfabriken von Hollywood gebaut.
Die vier Städte
Sind erfüllt von dem Ölgeruch
Der Filme.

3

Die Engel von Los Angeles
Sind müde vom Lächeln. Am Abend
Kaufen sie hinter den Obstmärkten

Elegías de Hollywood

1

El pueblo de Hollywood está concebido de acuerdo con la idea
que aquí se tiene del cielo.
Aquí se ha pensado que Dios,
precisando un cielo y un infierno, no
necesitó desarrollar dos establecimientos,
sino uno solo, el cielo. Éste
les sirve a los insolventes y fracasados
de infierno.

2

Junto al mar se hallan las torres petrolíferas. En los barrancos
blanquean los huesos de los buscadores de oro. Sus hijos
han construido las fábricas de sueños de Hollywood.
Las cuatro ciudades
están llenas del olor a petróleo
de las películas.

3

Los ángeles de Los Angeles
están cansados de sonreír. De noche,
desesperados, compran detrás de los mercados

Verzweifelt kleine Fläschchen
Mit Geschlechtsgeruch.

4

Unter den grünen Pfefferbäumen
Gehen die Musiker auf den Strich, zwei und zwei
Mit den Schreibern. Bach
Hat ein Strichquartett im Täschchen. Dante schwenkt
Den dürren Hintern.

Die Stadt ist nach den Engeln genannt
Und man begegnet allenthalben Engeln.
Sie riechen nach Öl und tragen goldene Pessare
Und mit blauen Ringen um die Augen
Füttern sie allmorgendlich die Schreiber in ihren Schwimmpfühlen.

Jeden Morgen, mein Brot zu verdienen
Fahre ich zum Markt, wo Lügen gekauft werden.
Hoffnungsvoll
Reihe ich mich ein unter die Verkäufer.

Die Stadt Hollywood hat mich belehrt
Paradies und Hölle

de frutas, pequeñas botellas que
huelen a sexo.

4

Bajo los verdes pimenteros van los músicos
a prostituirse, de dos en dos
con los escritores. Bach
tiene un cuarteto de cuerda en el bolsillo. Dante mece
su flaco culo.

La ciudad se llama así por los ángeles
y por todos los lados te encuentras con ángeles.
Huelen a petróleo y llevan un pesario dorado
y en torno a los ojos tienen ojeras.
Dan de comer a los escritores todas las mañanas en sus charcas
 de vicio.

Cada mañana, para ganarme el pan
voy al mercado, donde se compran las mentiras.
Esperanzado
me pongo en la cola entre los vendedores.

La ciudad de Hollywood me ha enseñado
que el paraíso y el infierno

Können eine *Stadt sein: für die Mittellosen*
Ist das Paradies die Hölle.

In den Hügeln wird Gold gefunden
An der Küste findet man Öl.
Größere Vermögen bringen die Träume vom Glück
Die man hier auf Zelluloid schreibt.

Über den vier Städten kreisen die Jagdflieger.
Der Verteidigung. In großer Höhe
Damit der Gestank der Gier und des Elends
Nicht bis zu ihnen heraufdringt.

pueden ser *una* ciudad: para los insolventes
el paraíso es el infierno.

En las colinas se encuentra oro
y en la costa, petróleo.
Mayores fortunas traen los sueños de la suerte
que aquí se escriben sobre celuloide.

Sobre las cuatro ciudades circulan los cazas.
De la defensa. A gran altura
para que la peste de la avaricia y la miseria
no les alcance hasta allá arriba.

Landschaft des Exils

Aber auch ich auf dem letzten Boot
Sah noch den Frohsinn des Frührots im Takelzeug
Und der Delphine graulichte Leiber, tauchend
Aus der japanischen See.

Die Pferdewäglein mit dem Goldbeschlag
Und die rosa Armschleier der Matronen
In den Gassen des gezeichneten Manila
Sah auch der Flüchtling mit Freude.

Die Öltürme und dürstenden Gärten von Los Angeles
Und die abendlichen Schluchten Kaliforniens und die Obstmärkte
Ließen den Boten des Unglücks
Nicht kalt.

Paisaje del exilio

Pero también yo en la última barca
pude ver el júbilo del amanecer en el velamen
y los cuerpos agrisados de los delfines
surgir del mar del Japón.

Los cochecitos de caballos con arneses dorados
y los mantones rosas de las matronas
en las callejas de la Manila condenada
también el fugitivo los vio con alegría.

Las torres de petróleo y sedientos jardines de Los Ángeles
y los vespertinos barrancos de California y los mercados de fruta,
al enviado del infortunio
no le dejaron frío.

Vom Sprengen des Gartens

O Sprengen des Gartens, das Grün zu ermutigen!
Wässern der durstigen Bäume! Gib mehr als genug und
Vergiß nicht das Strauchwerk, auch
Das beerenlose nicht, das ermattete
Geizige. Und übersieh mir nicht
Zwischen den Blumen das Unkraut, das auch
Durst hat. Noch gieße nur
Den frischen Rasen oder den versengten nur
Auch den nackten Boden erfrische du.

Sobre el riego del jardín

¡Oh el riego del jardín, reanimar el verde!
¡Dar agua a los árboles sedientos! Echa más de la que se precise
y no olvides los arbustos, ni siquiera
los que no dan fruto, los de pobres
brotes. Y no te olvides,
entre las flores, de la mala hierba, que también
tiene sed. Ni riegues sólo
el césped fresco o sólo el abrasado;
refresca también la desnudez del suelo.

Das Manifest

1

*Kriege zertrümmern die Welt, und umgeht zwischen den
    Trümmern
Sichtbar und groß ein Gespenst, und nicht erst der Krieg hat's
    geboren.
Auch im Frieden schon ward es gesichtet, den Herrschenden
    schrecklich
Aber freundlich den Kindern der Vorstadt. In ärmlicher Küche
Lugte es oft, kopfschüttelnd, voll Zorn, in halbleere Töpfe.
Oft die Erschöpften paßte es ab vor Gruben und Werften.
Freunde besucht es im Kerker, passierend ohne Passierschein
Oftmals. Selbst in Kontoren wird es gesehn, und im Hörsaal
Wird es gehört. Zu Zeiten dann stülpt es von Stahl einen Hut
    auf
Steigt in riesige Tanks und fliegt mit tödlichen Bombern.
Vielerlei Sprachen spricht es, alle. Und schweiget in vielen.
Ehrengast in den Hütten sitzt es, Sorge der Villen
Alles zu ändern und ewig zu bleiben gekommen; sein Nam ist*
Kommunismus.

*Falsches darüber von Feinden, von Freunden
Falsches habt ihr gehört. Dies ist's, was die Klassiker sagen:
Lest ihr Geschichte, so lest ihr von Taten großer Personen;
Ihrem Gestirn, aufsteigend und fallend; von ziehenden Heeren;
Auch vom Glanz und Verfall der Reiche. Aber die großen*

El Manifiesto

1

Las guerras destruyen el mundo, y un fantasma recorre,
grande y visible, las ruinas, y no sólo lo parió la guerra.
También durante la paz fue avistado, y era terrible para los poderosos
pero amigable con los niños de barrio. En las cocinas pobres
a menudo miraba, moviendo la cabeza, lleno de ira, los pucheros medio vacíos.
Con frecuencia acompañaba a los agotados ante las minas y los astilleros.
A los amigos los visita en la cárcel, a menudo pasando sin permiso.
Incluso es visto por las oficinas, y en los auditorios
se le escucha. A veces se coloca un casco de acero,
se sube a tanques gigantescos y vuela con bombarderos mortíferos.
Habla muchas lenguas distintas, todas. Y calla en muchas.
Huésped de honor, en chabolas se sienta; alarma de los chalets,
vino a cambiarlo todo y a quedarse para siempre; su nombre es
Comunismo.

Sobre él falsedades oís de los enemigos, de los amigos
habéis oído falsedades. Esto es lo que los clásicos dicen:
Si leéis la historia, leeréis acerca de los hechos de grandes personajes;
de sus estrellas, que suben y caen, de movimientos de tropas;
también del esplendor y decadencia de los imperios. Pero los grandes

Zweifelnden Lehrer durchsuchen die alten Bücher nach anderm
Und sie lehren: Geschichte ist die Geschichte von
KLASSEN-KÄMPFEN. Denn sie sehen in Klassen geteilt und im
  Innern
Kämpfend die Völker. Sklaven, Plebejer, Equites, Patres;
Handwerker, Bauern und Adel; Bürger sodann und Proleten
Haltend im Gang den riesigen Haushalt, stehen mit Messern
Eigenen, fremden, gegeneinander in riesigen Kämpfen.
Kühn umstürzend fügen die Lehrer so der Geschichte
Herrschender Klassen hinzu der beherrschten Klassen
  Geschichte.

Anders freilich zu anderen Zeiten handeln die Herrscher-
klassen, Roms Patrizier anders als Spaniens Granden.
Bürger der frühen nicht wie Bürger der neueren Städte –
Hier benutzt eine Klasse geschickt den großen Despoten
Dort ihrer Kammern despotische Vielfalt; eine bedient sich
Blutiger Kriege mehr und eine schlauer Verträge
Je nach Lage des Lands und besonderer Art der Bewohner.
Aber die Herrschenden tun, was immer sie tun, für die
  Herrschaft
Und sie tun, was sie tun, in Kämpfen mit den Beherrschten.
Völker werfen sich schlachtend auf Völker, doch hinter den
  Schlachtreihn
Toben noch andere Schlachten, stillere, lenkend die einen.
Römische Heere bestürmen den fernen und eisigen Pontus
Während im heimischen Rom sich Plebs und Patrizier
  bekriegen.
Deutsche bekriegen Franzosen, doch deutsche Städte,
  dem deutschen
Kaiser verbündet, bekriegen deutsche Fürsten dieweilen.

maestros de la duda buscan en los viejos libros otras cosas
y enseñan que la historia es la historia de la
LUCHA DE CLASES. Pues ven a los pueblos divididos en clases
y en lucha en su interior: esclavos, plebeyos, equites, patres;
artesanos, campesinos y nobles; burgueses luego y proletarios
manteniendo en marcha el gigantesco hogar, se plantan con cuchillos
propios y ajenos el uno contra el otro en luchas gigantescas.
Dándole la vuelta valientemente, los maestros añaden así a la historia
de las clases dominantes la historia de las clases dominadas.

Tratan a las clases dominantes de otras épocas de manera distinta,
a los patricios romanos de otra manera que a los grandes de España.
A los burgueses de las antiguas ciudades no como a los burgueses de las nuevas.
Aquí una clase utiliza con habilidad al gran déspota,
allí la despótica multitud de sus gabinetes; una se sirve más
de guerras sangrientas y otra de contratos astutos
según la situación del país y el especial carácter de sus habitantes.
Pero los gobernantes hacen lo que siempre hacen por el poder
y hacen lo que hacen en lucha con los gobernados.
Los pueblos masacran a otros pueblos, pero detrás del frente de batalla
hay otras batallas que arrasan, en silencio, dirigiendo las primeras.
Los ejércitos romanos atacan el lejano y gélido Ponto
mientras en la hogareña Roma la plebe guerrea con los patricios.
Los alemanes luchan con los franceses, pero las ciudades alemanas,
aliadas con el Kaiser alemán, combaten entretanto a los príncipes alemanes.

*Eint Burgfrieden die feindlichen Klassen gegen den äußern
Feind in wirklicher Not oder künstlich bereiteter Falle
Ach, den beide erfochten, den Sieg gewinnt dann nur eine:
Siegreich kehrt sie zurück und die andere läutet die Glocken
Kocht ihr den Siegesschmaus und baut ihr die Säule des Sieges.
Tiefer nämlich und dauernder sind, als die Kriege der Völker
Welche die Lesefibel beschreibt, die Kriege der Klassen
Offen gekämpft und versteckt, und nicht um die Städte des
   Feindes
Sondern die eigenen Städte, endigend nur mit dem Umsturz
Oder gemeinsamen Untergang der kämpfenden Klassen.*

*So nun entstand, die jetzt vergeht, die Epoche des Bürgers:
Einmal nur Leibeigener, wurde er Bürger des Pfahldorfs.
Pfahldorf wurde dann Stadt und hinter den sicheren Mauern
Blühten die Zünfte hoch. Die Mauern halten das Tuch nicht
Und es erweckt der Handel das schlummernde Land. An der
   Küste
Bauen die Seestädte Schiffe, die neue Gestade erreichen
Afrika fleißig umsegeln und tapfer Amerika angehn.
Und der chinesische Markt, der ostindische Markt und der
   Neuen
Welt Aufschließung, hiermit die Häufung der Gelder und
   Waren
Schwingen die Industrie in den Gang und kräftig heraustritt
Aus der feudalen Gesellschaft der neue Beherrscher, der Bürger.*

*Manufaktur überflügelt das Handwerk. Lange noch hängen
Goldener Schlüssel und Spindel aus, doch die Meister der
   Zünfte
Haben nicht viel zu meistern mehr, denn viel von der Arbeit*

Si la paz del burgo une a las clases enemigas contra el enemigo
exterior por auténtica necesidad o por trampa creada de modo
 artificial,
ay, la victoria que ambas conquistaron tan sólo una la obtiene:
ella regresa victoriosa y la otra hace sonar las campanas,
le guisa el banquete y le construye la columna de la victoria.
Más profundas y duraderas que las guerras de los pueblos
que describen los libros, son las luchas de clases,
tanto en guerra abierta como oculta, y no por las ciudades del
 enemigo
sino por las ciudades propias, acabando sólo con el derrocamiento
o el hundimiento conjunto de las clases en lucha.

Así surgió pues la que ahora se acaba, la época del burgués:
de dueño sólo de su cuerpo, pasó a burgués del pueblo cercado.
El pueblo cercado se hizo luego ciudad y tras la seguridad de los
 muros
florecieron los gremios. Los muros no retienen las telas
y el comercio despierta al país amodorrado. En la costa
las ciudades portuarias construyen barcos que alcanzan nuevas
 orillas,
circunvalan diligentes África y con valor llegan a América.
Y el descubrimiento del mercado chino, del mercado de las
 Indias orientales y del Nuevo
Mundo, y con ello la acumulación de dinero y de mercancías
ponen en marcha las industrias y surge con fuerza
de la sociedad feudal el nuevo dominador, el burgués.

La manufactura desborda al artesano. Aún cuelgan durante
 mucho tiempo
la llave dorada y el huso, pero los maestros de los gremios
poco tienen ya que enseñar, pues mucho del trabajo

*Ehmals verteilt zwischen Zünften, teilt nun der Manufakturherr
Auf in der einen, größeren Werkstatt. Immer noch wachsen
Unersättlich die Märkte. Schon auch nicht mehr bewältigt
Manufaktur den Bedarf, da wälzen Dampf und Maschine
Neuerdings alles um und den Manufakturherrn verdrängt der
Große Industrielle, Arbeitergebieter und Geldmann
Unser moderner Bourgeois. Ausführlich zeigen die Lehrer
Wie das große maschinisierte Gewerbe den Weltmarkt
Schuf und der Weltmarkt wieder das große Gewerbe beschwingte
Bis die große Gewerbetreibende mächtig hervortrat
Und die Bourgeoisie im Staat erkämpfte den Vorrang.
Unsere Staatsgewalt besorgt in Pomp und in Purpur
Nur die Geschäfte der Bougeoisie, ein williger Ausschuß.*

*Und sie erwies sich als harte und ungeduldige Herrin.
Eiserner Stirn und eiserner Ferse zertrat sie das faule
Patriarchalisch stille Idyll, zerriß die feudalen
Alt buntscheckigen Bande, geknüpft zwischen Schützling und
   Schutzherr
Duldend kein anderes Band zwischen Menschen als nacktes
   Intresse
Barer Entlohnung. »Adlige Haltung«, »Ritterlichkeit« und
»Treues Gesinde«, »Liebe zum Boden«, »ehrliches Handwerk«
»Dienst an der Sache« und »innre Berufung«, alles begoß ihr
Eisiger Strahl der Berechnung. Menschliche Würde verramscht sie
Grob in den Tauschwert, setzend brutal an die Stelle der vielen
Heilig verbrieften Freiheiten nur die Freiheit des Handels.
Stille Ausbeutung war es gewesen, natürliche, immer;
Offene wurde es nun und schamlos wurd sie betrieben.
Priester und Richter und Arzt und Dichter und Forscher,
   mit frommer*

antaño repartido entre los gremios, ahora lo reparte el dueño
   de la manufactura
en su propio taller, que es mayor. Aún crecen insaciables
los mercados. Pronto tampoco la manufactura satisface ya
la demanda, el vapor y las máquinas nuevamente le dan la vuelta
a todo y al dueño de la manufactura le desplaza
el gran industrial, patrón de trabajadores y financiero,
nuestro burgués moderno. Exhaustivamente muestran los maestros
cómo la gran industria mecanizada creó el mercado mundial
y cómo el mercado mundial volvió a animar a la gran industria
hasta que el gran promotor de la industria destacó, poderoso,
y la burguesía conquistó la primacía en el estado.
Nuestra fuerza estatal atiende con pompa y con púrpura
sólo a los negocios de la burguesía, como un voluntarioso comité.

Y resultó una dura e impaciente señora.
De frente férrea y férreo talón, pisoteó el podrido idilio silencioso
del patriarcado, desgarró los viejos y multicolores
lazos feudales, trenzados entre protegidos y protectores,
sin tolerar más lazo entre personas que el desnudo interés
del pago en metálico. "Noble actitud", "caballerosidad" y
"siervos leales", "amor a la patria", "honrado oficio",
"servicio a la causa" y "vocación íntima", todo lo regó
con su férreo chorro de cálculo. La dignidad humana
   la malvende
como valor de cambio, colocando con brutalidad sólo
   la libertad del comercio
en lugar de las muchas sagradas y escritas libertades.
Siempre hubo explotación a escondidas, naturalmente;
ahora se volvió abierta y sin vergüenza alguna se practicó.
A cura y juez y médico y poeta e investigador, los mira entonces

*Scheu doch betrachtet dereinst, verdingt sie als ihre bezahlten
Lohnarbeiter und schickt dem Arzt die Kranken als Kunden
Und er verkauft sein Rezept und der Priester verkauft seinen
 Zuspruch.
Käuflich teilt des Besitztums Wächter, der Richter, das Recht aus.
Was ihr Erfinder für Pflüge erdacht, ihr Händler verkauft es
Kühl für Kanonen. Hungrig, verherrlicht der Künstler
 mit schnellem
Adelndem Pinsel das Antlitz der Bourgeoisie, und des
 Kunstgriffs
Kundig massiert gegen Geld der Dame erschlafftes Gemüt er.
Grinsend verwandelt die Bourgeoisie die Dichter und Denker
Alle in ihre bezahlten Kopflanger. Den Tempel des Wissens
Macht sie zur Börse, selbst der Familie geheiligte Stätte
Macht sie zum Tummelplatz des höchst unheiligen Schachers.*

*Freilich, was sind Pyramiden uns noch und Roms Viadukte
Kölns Kathedrale, Wanderung der Völker, Hunnen- und
 Kreuzzug
Uns, die wir Bauten gesehn und Züge, gigantisch wie diese
Allumstürzenden Klasse sie macht, die immer und überall
Umwälzt atemlos, was sie schuf, und lebt von dem Umsturz?
Unaufhörlich ändert sie Maschinerie und Produkte
Nie vermutete Kräfte holt sie aus Luft und aus Wasser
Neue Stoffe erschafft sie, nie auf Erden gesehne.
(Dreimal ändert sich einem Geschlecht das Tuch des Gewandes.
Anders fühlt in der Hand sich der Griff von Messer und Gabel
Mehrmals. Immer auf neue Gebilde fällt unser Auge.)
Und sie ändert die Menschen, treibt in Fabriken die Bauern
Treibt Handwerker in Scharen nach neuen und wilden
 Gestaden.*

con piadoso respeto, los contrata como trabajadores suyos
a sueldo y manda al médico los enfermos como clientes
y él vende su receta, y el cura vende su bendición.
El juez, guardián de la propiedad, venal reparte el derecho.
Lo que los inventores pensasteis como arados, los comerciantes lo vendéis
frío como cañones. Hambriento, enaltece el artista con rápidos
pinceles ennoblecedores el rostro de la burguesía y, experto
en recursos, masajea por dinero el fláccido ánimo de la dama.
Satisfecha, la burguesía transforma a poetas y pensadores
y convierte a todos en sus cómplices pagados. El templo del saber
lo convierte en bolsa, incluso el sagrado hogar familiar
lo convierte en picadero de los poco sagrados usureros.

Claro que, ¿qué nos importan las pirámides y los viaductos de Roma,
la catedral de Colonia, la migración de los pueblos, la invasión de los hunos y las cruzadas
a nosotros, que hemos visto edificios y trenes gigantescos como los que
hace esa clase que todo lo transforma, que siempre y por doquier
trastroca sin descanso lo que creó, y vive de esa transformación?
Modifica de continuo maquinaria y productos,
extrae del aire y del agua fuerzas nunca sospechadas,
crea nuevas materias, jamás vistas sobre la tierra.
(Tres veces se cambia un sexo la tela del vestido.
Distinto se siente en la mano el mango del cuchillo y del tenedor,
una y otra vez. Siempre sobre nuevas construcciones caen nuestros ojos).
Y transforma a la gente, empuja hacia las fábricas a los campesinos
y empuja a los artesanos en manadas hacia confines nuevos y salvajes.

Dörfer wachsen hervor und Städte, wo sie nach Erz gräbt
Tot und entvölkert sofort, wenn sie wegzieht. Schnelleren Reichtum
Sahen die Gegenden nie, noch sahen sie schnellere Armut.

Stets doch war die Bewahrung der Weise, in der produziert wird
Sorge der herrschenden Klassen gewesen, diese als erste
Machte den Umsturz selbst zum sine qua non der Gesellschaft.
Ragende Bauten errichtend auf ewig bebender Erde
Fürchtend nichts als den Rost und das Moos, vergewaltigt sie täglich
Jede Gewalt der Verhältnisse, alle gefestigte Sitte.
Alles Ständische fällt sie, alles Geweihte entweiht sie.
Haltlos stehen die Menschen entsichert auf rollendem Boden
Endlich gezwungen, mit nüchternem Aug zu sichten ihr Dasein.

Aber dies alles geschieht nicht in einem Gebiet oder zweien
Denn ein beklemmender Drang nach dem Absatz der schwellenden Waren
Jagt die Bourgeoisie ohne Einhalt über die ganze
Weite Erdkugel dahin und überall muß sie sich umschaun
Anbaun, einnisten, überall knüpfen die klebrigen Fäden.
Kosmopolitisch macht sie Verbrauch und Erzeugung der Güter.
Überall ist sie zu Haus und nirgends. Reiche Gewerbe
Alteinheimische Künste zerstört sie, holend den Rohstoff
Aus den entlegensten Ländern. Ihre Fabriken bedienen
Nöte und Launen, erzeugt im Klima anderer Länder.

Donde excava en busca de mineral emergen pueblos y ciudades,
muertos y despoblados de inmediato cuando emigra. Riqueza
 más rápida
jamás vieron esas regiones, pero aún vieron más rápida
 la pobreza.

Aunque siempre fue la conservación del modo de producción
asunto de las clases dominantes, ésta fue la primera que hizo
de la transformación misma el *sine qua non* de la sociedad.
Construyendo edificios elevados sobre tierra eternamente tem-
 blorosa,
no temiendo más que al orín y al moho, viola a diario
toda jurisdicción de las relaciones, toda moral consolidada.
Tala todo lo gremial, todo lo bendecido lo profana.
Sin sostén se yerguen las gentes inseguras sobre el suelo rodante,
obligadas, por fin, a contemplar con ojos sobrios su existencia.

Pero todo esto no sucede en una sola región o en dos
pues una angustiosa necesidad de dar salida a las mercancías
 acumuladas
hace avanzar sin descanso a la burguesía por toda
la esfera terrestre, y en todas partes tiene que andar fisgando,
plantando, instalándose, por todas partes se anudan sus pegajosos
 hilos.
Hace cosmopolitas el consumo y producción de bienes.
En todas partes y en ninguna está en su casa. Destruye ricos
 oficios
de artes locales tradicionales, trayendo la materia prima
de los países más remotos. Sus fábricas están al servicio
de antojos y necesidades, producidos en climas de otros países.

Hoch in Wolken den Bergpaß erklimmen die fiebrigen Waren.
Morsch ist der Schlagbaum, tausendjährig; sie trampeln
   ihn nieder.
BILLIG *lautet ihr Paßwort. Aber die Greise dort! Kommen*
Priester, den Frevlern zu fluchen? Nein, sie kommen zu kaufen.
Aber die Mauern dort! Nie erstürmt! Verschmitzte Agenten
Bomben mit Ballen von leichtem Kattun die chinesischen
   Mauern
Lächelnd weg. Es schwinden Gebirge. Es nähern sich Inseln.
Volk braucht Volk, überredet der Händler. Geistige Güter
Werden Gemeingut, sagt der Gelehrte. Gierig verschlingen
Zellkernforscher in Rom die neueste Formel aus Princetown.
Weiterschreibt die japanische Hand, wenn die dänische anhält.
Alle zusammen, die Forscher der Welt, entwerfen das Weltbild.
Dichtung wird nun der Welt die Dichtung einzelner Völker.

Keuchend schleppt aus dem Bauch fremdländischer Schiffe der
   Kuli
Nie genoßne Produkte, und schwitzend dahinter die große
Neue Erzeugerin selbst, die Maschine. So den Barbaren
Zivilisiert der Bourgeois, indem er ihn selbst zum Bourgeois
   macht.
Nach seinem eigenen Bild schafft der Bourgeois eine Welt sich.

Und so beherrschen die Städte das Land und sie wachsen zu
   Riesen
Dauernd Menschen entreißend dem Stumpfsinn ländlichen
   Lebens.
Und wie die Städte das Land, so beherrschen die Bürgernationen
Bäuerliche hinfort; es zügelt der Zivilisierte
Halbbarbar und Barbar und der Okzident leitet den Orient.

Las febriles mercancías escalan los altos pasos de montaña entre
   nubes.
Podrida está la milenaria barrera fronteriza; la echan abajo y la
   pisotean.
BARATO es su contraseña. ¡Pero la anciana aquélla! ¿Vienen
los curas, para maldecir al sacrílego? No, vienen a comprar.
¡Y las paredes aquéllas! ¡Jamás expugnadas! Astutos agentes
bombardean con balas de suave algodón las murallas chinas
sonriendo, y las barren. Desaparecen montañas. Se aproximan islas.
El pueblo necesita al pueblo, convence el comerciante. Bienes
   del espíritu
se transforman en bienes comunes, dice el sabio. Ansiosos devoran
investigadores celulares de Roma la última formula de Princetown.
Sigue escribiendo la mano japonesa cuando la danesa se para.
Todos juntos, los investigadores del mundo trazan la imagen del
   mundo.
La poesía es ahora para el mundo la poesía de pueblos aislados.

Tosiendo acarrean del vientre de los barcos extranjeros los kulis
productos jamás disfrutados, y sudando detrás la nueva
gran productora misma, la máquina. Así al bárbaro
civiliza el burgués al tiempo que a él mismo lo transforma en
   burgués.
El burgués se crea un mundo a su propia imagen.

Y así dominan las ciudades el campo y crecen y se hacen gigantes
arrancando siempre personas a la estulticia de la vida rural.
Y como las ciudades al campo, así dominan las naciones
   burguesas
a las campesinas; el civilizado frena al semibárbaro
y al bárbaro, y el occidente guía al oriente.

*Maschinerie und Besitz und Volk, bis dahin zersplittert
Schließen sich nun zu großen Gebilden. Schneller und schneller
Häuft sich das Werkzeug auf in den ungeheuren Fabriken
Wächst der Besitz hinein in einige wenige Hände
Ballen sich Massen nunmehr zu vieles erzeugenden Zentren.*

*Neue politische Felder entstehn. In wütenden Kämpfen
– Denn es zerfleischen sich auch, die da einander umarmen –
Drängen die losen Provinzen, eigens regiert und mit eignem
Recht, sich zusammen in eine Nation, vereint durch das eine
Nationale Interesse der alles beherrschenden Klasse.*

*Nie auf Erden vorher war ein solcher Rausch der Erzeugung
Wie ihn die Bourgeoisie entfacht in der Zeit ihrer Herrschaft.
Dampfkraft schuf und elektrische Kraft die gierige Herrin.
Schiffbar machte sie Ströme, den Weltteil machte sie urbar
Pumpte das Öl aus dem Grund und trieb damit Schiffe und
 Wägen
Grub die Kohle und häufte sie auf zu nützlichen Bergen
Brach das Eisen, unangetastet durch tausend Geschlechter
Schmiedete Stahl zu federnden Brücken und dicken Turbinen
Ströme und Bergsee melkend um Licht für Städte und Dörfer
Wandelte Wälder zu leichtem Papier und druckte die Zeitung.
Fünf Jahrzehnte danach, als wünschte der Mensch sich, an allen
Örtern der Erde gleichzeitig sein kurzes Leben zu leben
Wurde der Äther selber der Bote. Auch hoben zum ersten
Male sich Menschen in lenklichem Flugzeug über den Boden.
Niemals hatte die Menschheit geträumt, daß schlummernd im
 Schoß ihr
Solche Befreiungen waren, solche erzeugenden Kräfte.*

Maquinaria y propiedad y pueblo, hasta entonces divididos,
se engarzan formando grandes construcciones. Cada vez más deprisa
se amontona la herramienta en las monstruosas fábricas,
crece la propiedad en unas pocas manos,
las masas se apelotonan cada vez más en centros de gran producción.

Emergen nuevos campos políticos. En luchas rabiosas
–pues los que se abrazan también se descuartizan–,
presionan a las provincias sueltas, autogobernadas y con derecho
propio, a formar juntas una nación, unidas por el único
interés nacional de la clase todopoderosa.

Nunca antes sobre la tierra hubo tal embriaguez de creatividad
como la que desata la burguesía en la época de su dominio.
Esta avariciosa señora creó la fuerza del vapor y la eléctrica.
Hizo navegables las corrientes, urbanizó el mundo,
bombeó el petroleo desde lo hondo e impulsó con él barcos y coches,
extrajo el carbón y lo amontonó en provechosas montañas,
quebró el hierro, que llevaba miles de generaciones sin ser tocado,
fraguó el acero en cimbreantes puentes y gruesas turbinas,
ordeñando corrientes y lagos de montaña para extraer la luz de ciudades y pueblos,
convirtió bosques en ligero papel e imprimió el periódico.
Cinco décadas más tarde, como si los humanos desearan
vivir su corta vida en todos los lugares del mundo a la vez,
el éter mismo se volvió mensajero. Se elevaron también por primera vez
los humanos en aviones dirigibles por encima del suelo.
Jamás soñó la humanidad que durmiendo en su regazo
tuviera tales liberaciones, tales fuerzas creadoras.

Adeliger Besizt und sein Staat absoluter Monarchen
Hatten in Fesseln gehalten die Massenerzeugung der Güter:
Zornig hatte die Bourgeoisie gesprengt ihre Fesseln.

Hurrikangleich erheben sich so erzeugende Kräfte
Und zertrümmern verbriefte, ewig gehießene Herrschaft.
Andere, gestern noch dienende Klassen schmeißen Besitzbrief
Schuld— und Gesetzbuch weg und lachen gealterten Vorrechts.
Recht ist nicht Recht mehr, Weisheit weise nicht, alles ist
   anders.
Tausend Herbsten haben getrotzt die heiligen Tempel
Wenn sie zerfallen zu Staub, erschüttert vom Tritte der Sieger.
Jäh in den Stehengebliebenen wechseln die Götter das Antlitz:
Wundersam gleichen die Alten nun plötzlich den jetzigen
   Herrschern!
Große Veränderung wirken die neuen erzeugenden Kräfte.
Tödlich herauf gegen sich, die Stürme zur Herrschaft getragen
Sieht nun die Bourgeoisie die gewaltsamen Stürme sich sam-
   meln.

Als diese Klasse nämlich mit neuem System und Besitzbrief
Gütererzeugende Kräfte wie nie hervorgehext hatte
Glich sie dem Zauberer, der die unterirdischen Mächte
Die er heraufbeschworen, nicht mehr zu bändigen wußte.
So wie Regen die Saaten befruchtet, aber nicht haltend
Ganz sie ersäuft, vermehren die güterzeugenden Kräfte
Wachsend, stetig der herrschenden Klasse Vermögen und
   Einfluß
Stetig weiterwachsend jedoch bedrohn sie die Klasse.

Las propiedades de la nobleza y su estado de monarcas absolutos
habían mantenido encadenada la producción en masa de bienes:
la burguesía reventó con rabia sus cadenas.

Como huracanes se alzan entonces fuerzas productivas
y destruyen escritos y poderes llamados eternos.
Otras, ayer todavía clases sirvientes, tiran las cartas de propiedad,
los libros de deudas y leyes, y se ríen de los viejos fueros.
La justicia ya no es justicia, la sabiduría ya no sabe, todo es distinto.
Miles de otoños habían resistido los sagrados templos
cuando se transformaron en polvo, destruidos por la bota del
  vencedor.
De pronto en los que quedan en pie cambia el rostro de los dioses:
¡Milagrosamente los antiguos se parecen de pronto a los
  dominadores actuales!
Grandes transformaciones producen las nuevas fuerzas productivas.
Mortalmente contra ella, a la que las tormentas llevaron al poder;
ve ahora la burguesía cómo se acumulan las violentas tormentas.

Justo cuando esta clase con su nuevo sistema y cartas de propiedad
había despertado mágicamente fuerzas que producían más
  bienes que nunca,
se parecía al mago que no sabía ya cómo dominar
los poderes subterráneos que había convocado.
Así como la lluvia fecunda las siembras, pero si no se detiene
las ahoga por completo, multiplican las fuerzas productoras de
  bienes,
con su crecimiento, la fortuna e influencia de la clase dominante
pero por otra parte, al crecer de continuo, amenazan a esa
  misma clase.

*Nun an ist die Geschichte der Großindustrie und des Handels
Nur die Geschichte des Aufruhrs gütererzeugender Kräfte.
Gegen Bürgerbesitz und Bürgerart, zu erzeugen.*

*Riesige Krisen, in zyklischer Rückkehr, gleichend enormen
Sichtlos tappenden Händen, greifend und drosselnd den Handel
Schütteln in stummer Wut Betriebe, Märkte und Heime.
Hunger von alters plagte die Welt, wenn die Kornkamer leer war –
Nunmehr, keiner versteht es, hungern wir, weil sie zu voll ist.
Nichts in der Speise mehr finden die Mütter, die Mäulchen zu füllen
Hinter Mauern dieweil fault turmhoch lagernd das Korn weg.
Ballen auf Ballen türmt sich das Tuch, doch frierend durchzieht die
Lumpengehüllte Familie, von heute auf morgen geworfen
Aus dem gemieteten Heim, die Viertel ohne Bewohner.
Keinen, sie auszubeuten noch willig, finden die Armen.
Rastlos war ihre Arbeit, nun ist die Suche nach Arbeit
Rastlos. Was ist geschehn? Der gigantische Bau der Gesellschaft
Teuer, mit solcher Mühe gebaut von vielen Geschlechtern
Hingeopferten, sinkt zurück in barbarische Vorzeit.
Nicht ein ZU WENIG ist schuld, ach nein, das ZU VIEL macht ihn wanken.*

*Nicht zum Wohnen bestimmt ist das Haus, das Tuch nicht zum Kleiden
Noch ist das Brot zum Essen bestimmt: Gewinn soll es tragen.*

De ahora en adelante la historia de la gran industria y del comercio
es ya sólo la historia de los trastornos de las fuerzas productoras
 de bienes.
Contra propiedad burguesa y costumbres burguesas, producir.

Gigantescas crisis, en retornos cíclicos, como enormes
manos tanteantes y ciegas, que sujetan y estrangulan el comercio,
sacuden con silenciosa rabia a las empresas, los mercados y los
 hogares.
El hambre era una antigua plaga del mundo cuando los grane-
 ros estaban vacíos;
ahora, nadie lo entiende, pasamos hambre porque están dema-
 siado llenos.
No encuentran ya comida las madres para llenar las bocas infantiles;
almacenado tras los muros hasta el techo se pudre el grano.
Balas sobre balas se amontona la tela, pero temblando atraviesa
 la familia
cubierta de harapos, expulsada de hoy para mañana
del hogar alquilado; los barrios se quedan sin habitantes.
Nadie que aún esté dispuesto a explotarlos encuentran los pobres.
Sin descanso era su trabajo; ahora es la busca de trabajo la que es
sin descanso. ¿Qué ha pasado? La gigantesca construcción
de la sociedad, cara, construida con tanto esfuerzo por tantas
 generaciones
sacrificadas, retrocede hundiéndose en tiempos protobárbaros.
No tiene la culpa un DEMASIADO POCO, ah, no, es el EXCESO lo
 que la hace tambalear.

No se destina la casa a habitarla, ni la tela a usarse en vestidos,
ni se destina el pan para comer: lo que deben producir son
 beneficios.

Epitaph

*Den Tigern entrann ich
Die Wanzen nährte ich
Aufgefressen wurde ich
Von den Mittelmäßigkeiten.*

Epitafio

Escapé de los tigres
alimenté a las chinches
comido vivo fui
por las mediocridades.

*Außer diesem Stern, dachte ich, ist nichts und er
Ist so verwüstet.
Er allein ist unsere Zuflucht und die
Sieht so aus.*

Fuera de este astro, pensaba yo, no hay nada
y está tan arrasado.
Es nuestro único refugio y de ello
tiene el aspecto.

Wahrnehmung

*Als ich wiederkehrte
War mein Haar noch nicht grau
Da war ich froh.*

*Die Mühen der Gebirge liegen hinter uns
Vor uns liegen die Mühen der Ebenen.*

Percepción

Cuando regresé
mi cabello aún no había encanecido;
eso me alegró.

Los esfuerzos de las montañas quedan atrás;
por delante, los esfuerzos de las llanuras.

Kinderhymne

Anmut sparet nicht noch Mühe
Leidenschaft nicht noch Verstand.
Daß ein gutes Deutschland blühe
Wie ein andres gutes Land.

Daß die Völker nicht erbleichen
Wie vor einer Räuberin
Sondern ihre Hände reichen
Uns wie anderen Völkern hin.

Und nicht über nicht unter
Andern Völkern wolln wir sein
Von der See bis zu den Alpen
Von der Oder zum Rhein.

Und weil wir dieses Land verbessern
Lieben und beschirmen wir's
Und das liebste mag's uns scheinen
So wie andern Völkern ihrs.

Himno infantil

No escatiméis valor ni empeño,
pasión tampoco, ni razón
para que florezca una buena Alemania
como otro buen país.

Para que los pueblos no empalidezcan
como ante una ladrona,
sino que nos tiendan las manos
a nosotros como a otros pueblos.

Y ni encima ni debajo
de otros pueblos queremos estar,
desde el mar hasta los Alpes,
desde el Oder hasta el Rin.

Y porque mejoramos este país
lo amamos y protegemos
y debe resultarnos el más querido,
como a otros pueblos el suyo.

Auf einen chinesischen Teewurzellöwen

Die Schlechten fürchten deine Klaue.
Die Guten freuen sich deiner Grazie.
Derlei
Hörte ich gern
Von meinem Vers.

A un león chino tallado en una raíz de té

Los malos temen tus garras.
Los buenos se alegran con tu gracia.
Algo así
me gustaría oír decir
de mis versos.

Deutschland 1952

O Deutschland, wie bist du zerrissen ...
Und nicht mit dir allein.
In Kält und Finsternissen
Schlägt eins aufs andre ein.
Und hättst so schöne Auen
Und stolzer Städte viel:
Tätst du dir selbst vertrauen
Wär alles Kinderspiel.

Alemania 1952

¡Oh, Alemania, qué desgarrada estás...
y no sólo contigo misma!
En frío y en tinieblas
recibes golpe tras golpe.
Y aun teniendo bellos prados
y muchas gloriosas ciudades,
si confiaras en ti misma
todo sería un juego de niños.

Die Requisiten der Weigel

Wie der Hirsepflanzer für sein Versuchsfeld
Die schwersten Körner auswählt und fürs Gedicht
Der Dichter die treffenden Wörter, so
Sucht sie die Dinge aus, die ihre Gestalten
Über die Bühne begleiten. Den Zinnlöffel
Den die Courage ins Knopfloch
Der mongolischen Jacke steckt, das Parteibuch
Der freundlichen Wlassowa und das Fischnetz
Der anderen, der spanischen Mutter oder das Erzbecken
Der staubsammelnden Antigone. Unverwechselbar
Die schon rissige Handtasche der Arbeiterin
Für die Flugblätter des Sohns und die Geldtasche
Der hitzigen Marketenderin! Jedwedes Stück
Ihrer Waren ist ausgesucht, Schnalle und Riemen
Zinnbüchse und Kugelsack, und ausgesucht ist
Der Kapaun und der Stecken, den am Ende
Die Greisin in den Zugstrick zwirlt
Das Brett der Baskin, auf dem sie das Brot bäckt
Und der Griechin Schandbrett, das auf dem Rücken getragene
Mit den Löchern, in denen die Hände stecken, der Schmalztopf
Der Russin, winzig in der Polizistenhand, alles
Ausgesucht nach Alter, Zweck und Schönheit
Mit den Augen der Wissenden
Und den Händen der brotbackenden, netzestrickenden
Suppenkochenden Kennerin
Der Wirklichkeit.

Los requisitos de la Weigel

Como el plantador de mijo para su campo experimental
selecciona los granos más pesados y para el poema
el poeta las palabras adecuadas, así
selecciona ella los objetos que acompañan
a sus personajes en el escenario. La cuchara de estaño
que introduce madre Coraje en el ojal
de su chaqueta a lo mongol, el carnet del partido
de la simpática Wlassowa y la red de pesca
de la otra, de la madre española, o el cuenco de plomo
de la Antígona que va recogiendo polvo. ¡Insustituibles
el ya cuarteado bolso de la trabajadora
para los panfletos del hijo y la billetera
de la calurosa vendedora de mercadillo! Cada pieza
de su mercancía ha sido escogida, hebilla y correas,
lata de cobre y saco de bolas, y seleccionados han sido
el capón y el bastón que al final
enreda la anciana en la polea,
la tabla de la vasca sobre la que amasa el pan
y el vergonzoso tablón de la griega, que se lleva a la espalda
con los agujeros por los que se meten las manos, el bote de grasa
de la rusa, diminuto en la mano del policía, todo
escogido según su edad, su finalidad y su belleza,
con los ojos de los sabios
y las manos de quienes amasan pan o tejen redes,
experta cocinera de sopas
de realidad.

Suche nach dem Neuen und Alten

*Wenn ihr eure Rollen lest
Forschend, bereit zu staunen
Sucht nach dem Neuen und Alten, denn unsere Zeit
Und die Zeit unserer Kinder ist die Zeit der Kämpfe
Des Neuen mit dem Alten.
Die List der alten Arbeiterin
Die dem Lehrer sein Wissen abnimmt
Wie eine zu schwere Hucke, ist neu
Und muß wie Neues gezeigt werden. Und alt
Ist die Angst der Arbeiter im Krieg
Die Flugblätter mit dem Wissen zu nehmen; es muß
Als Altes gezeigt werden. Aber
Wie das Volk sagt: zur Zeit des Mondwechsels
Hält der junge Mond den alten
Eine Nacht lang im Arme. Das Zögern der Fürchtenden
Zeigt die neue Zeit an. Immer
Setzt das Noch und das Schon.
Die Kämpfe der Klassen
Die Kämpfe zwischen Alt und Neu
Rasen auch im Innern des einzelnen.
Die Bereitschaft des Lehrers zu lehren:
Die der Bruder nicht sieht, die Fremde
Sieht sie.
Alle Regungen und Handlungen eurer Figuren durchsucht
Nach Neuem und Altem!
Die Hoffnungen der Händlerin Courage
Sind den Kindern tödlich; aber die Verzweiflung*

Búsqueda de lo nuevo y lo viejo

Cuando leáis vuestros papeles,
investigando, listos para el asombro,
buscad lo nuevo y lo viejo, pues nuestro tiempo
y el tiempo de nuestros hijos es el de las luchas
de lo nuevo con lo viejo.
La astucia de la vieja trabajadora
que al maestro quita su saber
como carga demasiado pesada, es nuevo
y debe ser mostrado como nuevo. Y viejo
es el miedo de los trabajadores durante la guerra
a recoger panfletos con el saber; debe ser
mostrado como viejo. Pero
como dice el pueblo: a la hora del cambio de luna
la luna joven sostiene en brazos a la vieja
durante toda una noche. El titubeo de los miedosos
denuncia la nueva época. Siempre
colocad el todavía y el ya.
Las luchas de clases,
las luchas entre lo viejo y lo nuevo
se entablan también en el interior de cada uno.
La disposición del maestro a enseñar
que su hermano no ve, la extraña
la ve.
¡Investigad cada reacción y acción de vuestras figuras
de acuerdo con lo nuevo y lo viejo!
Las esperanzas de la buhonera Coraje
son letales para los niños; pero la desesperación

Der Stummen über den Krieg
Gehört zum Neuen. Ihre hilflosen Bewegungen
Wenn sie die rettende Trommel aufs Dach schleppt
Die große erfüllen, sollen euch
Mit Stolz erfüllen, die Tüchtigkeit
Der Händlerin, die nichts lernt, mit Mitleid.
Lesend eure Rollen
Forschend, bereit zu staunen
Erfreut euch des Neuen, schämt euch des Alten!

de los mudos sobre la guerra
pertenece a lo nuevo. Sus torpes movimientos
cuando arrastra al tejado el tambor salvador
la gran auxiliadora, os deben
llenar de orgullo; la aplicación de la buhonera,
que nada aprende, de compasión.
Leyendo vuestros papeles,
investigad, listos para el asombro.
¡Alegráos de lo nuevo y avergonzáos de lo viejo!

Aus den ›Buckower Elegien‹

Der Blumengarten

Am See, tief zwischen Tann und Silberpappel
Beschirmt von Mauer und Gesträuch ein Garten
So weise angelegt mit monatlichen Blumen
Daß er vom März bis zum Oktober blüht.

Hier, in der Früh, nicht allzu häufig, sitz ich
Und wünsche mir, auch ich mög allezeit
In den verschiedenen Wettern, guten, schlechten
Dies oder jenes Angenehme zeigen.

Gewohnheiten, noch immer

Die Teller werden hart hingestellt
Daß die Suppe überschwappt.
Mit schriller Stimme
Ertönt das Kommando: Zum Essen!

Der preußische Adler
Den Jungen hackt er
Das Futter in die Mäulchen.

De las "Elegías de Buckow"

El jardín

Junto al lago, escondido entre abetos y álamos plateados,
protegido por un muro y arbustos, un jardín
tan sabiamente plantado con flores de temporada
que está siempre en flor desde marzo hasta octubre.

En él me siento muy temprano de vez en cuando
y me gustaría poder también yo en todo momento
en las distintas épocas, buenas, malas,
mostrar tal o cual cosa agradable.

Costumbres, todavía y siempre

Los platos los colocan con brusquedad
para que la sopa chapotee.
Con aguda voz
resuena la orden: ¡A comer!

El águila prusiana
picotea a sus polluelos
la comida en los picos.

Rudern, Gespräche

Es ist Abend. Vorbei gleiten
Zwei Faltboote, darinnen
Zwei nackte junge Männer. Nebeneinander rudernd
Sprechen sie. Sprechend
Rudern sie nebeneinander.

Der Rauch

Das kleine Haus unter Bäumen am See
Vom Dach steigt Rauch
Fehlte er
Wie trostlos dann wären
Haus, Bäume und See.

Der Radwechsel

Ich sitze am Straßenhang.
Der Fahrer wechselt das Rad.
Ich bin nicht gern, wo ich herkomme.
Ich bin nicht gern, wo ich hinfahre.
Warum sehe ich den Radwechsel
Mit Ungeduld?

Remar, conversaciones

Atardece. Pasan deslizándose
dos canoas; en ellas
dos jóvenes desnudos. Mientras reman el uno junto al otro,
hablan. Mientras hablan,
reman el uno junto al otro.

El humo

La casita bajo los árboles, junto al lago;
del tejado sube humo.
Si faltase,
qué desconsolados estarían entonces
casa, árboles y lago.

El cambio de rueda

Estoy sentado en el arcén.
El conductor cambia la rueda.
No estoy a gusto allí de donde vengo.
No estoy a gusto allí hacia donde voy.
¿Por qué observo impaciente
el cambio de la rueda?

Die Lösung

*Nach dem Aufstand des 17. Juni
Ließ der Sekretär des Schriftstellerverbands
In der Stalinallee Flugblätter verteilen
Auf denen zu lesen war, daß das Volk
Das Vertrauen der Regierung verscherzt habe
Und es nur durch verdoppelte Arbeit
Zurückerobern könne. Wäre es da
Nicht doch einfacher, die Regierung
Löste das Volk auf und
Wählte ein anderes?*

Böser Morgen

*Die Silberpappel, eine ortsbekannte Schönheit
Heut eine alte Vettel. Der See
Eine Lache Abwaschwasser, nicht rühren!
Die Fuchsien unter dem Löwenmaul billig und eitel.
Warum?
Heut nacht im Traum sah ich Finger, auf mich deutend
Wie auf einen Aussätzigen. Sie waren zerarbeitet und
Sie waren gebrochen.*

*Unwissende! schrie ich
Schuldbewußt.*

La solución

Tras el alzamiento del 17 de junio
el secretario de la Unión de Escritores
mandó repartir panfletos en la avenida Stalin
en los que se leía que el pueblo
había perdido la confianza del gobierno
y que sólo redoblando el trabajo
podría reconquistarla. ¿Pero no sería
más simple que el gobierno
disolviera al pueblo
y que eligiera otro?

Mala mañana

El álamo blanco, una belleza localmente conocida,
hoy una vieja bruja. El lago,
un charco de aguas fecales, ¡no removerlo!
Las fucsias bajo la boca de dragón, poco valiosas y vanidosas.
¿Por qué?
Esta noche, en sueños, he visto dedos que me señalaban
como a un leproso. Estaban deshechos por el trabajo y
estaban partidos.

¡Ignorantes! he gritado
consciente de mi culpa.

Große Zeit, vertan

Ich habe gewußt, daß Städte gebaut wurden
Ich bin nicht hingefahren.
Das gehört in die Statistik, dachte ich
Nicht in die Geschichte.

Was sind schon Städte, gebaut
Ohne die Weisheit des Volkes?

Tannen

In der Frühe
Sind die Tannen kupfern.
So sah ich sie
Vor einem halben Jahrhundert
Vor zwei Weltkriegen
Mit jungen Augen.

Vor acht Jahren

Da war eine Zeit
Da war alles hier anders.
Die Metzgerfrau weiß es.

Gran época desperdiciada

He sabido que se estaban construyendo ciudades;
no he viajado a ellas.
Eso es algo que pertenece a la estadística, pensaba,
no a la historia.

Porque ¿qué son ciudades, construidas
sin la sabiduría del pueblo?

Abetos

Al amanecer
los abetos son cobrizos.
Así los vi
hace medio siglo
antes de dos guerras mundiales,
con ojos jóvenes.

Hace ocho años

Hubo un tiempo
en que todo aquí era distinto.
La carnicera lo sabe.

Der Postbote hat einen zu aufrechten Gang.
Und was war der Elektriker?

Eisen

Im Traum heute nacht
Sah ich einen großen Sturm.
Ins Baugerüst griff er
Den Bauschragen riß er
Den Eisernen, abwärts.
Doch was da aus Holz war
Bog sich und blieb.

Beim Lesen des Horaz

Selbst die Sintflut
Dauerte nicht ewig.
Einmal verrannen
Die schwarzen Gewässer.
Freilich, wie wenige
Dauerten länger!

El cartero tiene un andar demasiado erguido.
¿Y qué era el electricista?

Hierro

En sueños esta noche
vi una gran tormenta.
Atacó al andamiaje;
el caballete de las vigas,
de hierro, lo echó abajo.
Pero lo que era de madera
se dobló y aguantó.

Leyendo a Horacio

Ni siquiera el diluvio
duró eternamente.
Acabaron bajando
las negras aguas.
¡Realmente, qué pocos
han pervivido!

Vergnügungen

Der erste Blick aus dem Fenster am Morgen
Das wiedergefundene alte Buch
Begeisterte Gesichter
Schnee, der Wechsel der Jahreszeiten
Die Zeitung
Der Hund
Die Dialektik
Duschen, Schwimmen
Alte Musik
Bequeme Schuhe
Begreifen
Neue Musik
Schreiben, Pflanzen
Reisen
Singen
Freundlich sein

Placeres

La primera mirada por la ventana al levantarse,
el reencuentro con el viejo libro,
rostros entusiasmados,
nieve, el cambio de las estaciones,
el periódico,
el perro,
la dialéctica,
ducharse, nadar,
música antigua,
zapatos cómodos,
comprender,
música nueva,
escribir, plantar,
viajar,
cantar,
ser amable.

*Dauerten wir unendlich
So wandelte sich alles
Da wir aber endlich sind
Bleibt vieles beim alten*

Si nuestra duración fuera infinita
todo se transformaría
pero como somos finitos
queda mucho de lo viejo

Schwierige Zeiten

Stehend an meinem Schreibpult
Sehe ich durchs Fenster im Garten den Holderstrauch
Und erkenne darin etwas Rotes und etwas Schwarzes
Und erinnere mich plötzlich des Holders
Meiner Kindheit in Augsburg.
Mehrere Minuten erwäge ich
Ganz ernsthaft, ob ich zum Tisch gehn soll
Meine Brille holen, um wieder
Die schwarzen Beeren an den roten Zweiglein zu sehen.

Tiempos difíciles

De pie ante mi escritorio
miro por la ventana en el jardín el saúco
y distingo en él algo rojo y algo negro
y de pronto me acuerdo del saúco
de mi infancia en Augsburgo.
Durante unos minutos considero,
muy serio, si debo ir a la mesa
por mis gafas, para ver otra vez
las negras bayas en las ramas rojas.

Meine Einzige,
              In deinem letzten Briefe
Sagst du:
»Mein Kopf tut weh,
              mein Herz war rebellisch
Wenn sie dich hängen,
              Wenn ich dich verliere
Kann ich nicht leben.«

Du wirst leben, Liebe.
Die Erinnerung an mich wird schwinden
Wie im Wind der schwarze Rauch
Du wirst leben, rothaarige Schwester meines Herzens
Trauer um die Toten
Dauert im 20. Jahrhundert
Ein Jahr.

Tod...
Ein Leichnam, schwingend
Am End eines Stricks.
Doch sei versichert, Geliebte:
Wenn die haarige Hand des Henkers
Den Strick um meinen Hals legt
Vergebens
Werden sie suchen in den blauen Augen Nazims
Furcht.

Única mía,
        en tu última carta
decías:
"La cabeza me duele,
            el corazón se me había rebelado.
Si te cuelgan,
      si te pierdo
no podré vivir".

Amada, vivirás.
El recuerdo de mí se desvanecerá
como en el viento el humo negro.
Vivirás, pelirroja hermana de mi corazón;
el luto por los muertos
dura en el siglo XX
un año.

Muerte...
un cadáver que se balancea
al final de una soga.
Pero estáte segura, amada mía:
cuando la peluda mano del verdugo
ponga la soga alrededor de mi cuello
en vano
buscarán el miedo
en los ojos azules de Nazim.

Als ich in weißem Krankenzimmer der Charité
Aufwachte gegen Morgen zu
Und eine Amsel hörte, wußte ich
Es besser. Schon seit geraumer Zeit
Hatte ich keine Todesfurcht mehr, da ja nichts
Mir je fehlen kann, vorausgesetzt
Ich selber fehle. Jetzt
Gelang es mir, mich zu freuen
Allen Amselgesanges nach mir auch.

Cuando en la blanca habitación del hospital de la Charité
desperté hacia el amanecer
y escuché a un mirlo, lo supe
aún mejor. Ya desde hacía tiempo
había dejado de temer a la muerte, pues nada
podría faltarme nunca en el supuesto
de que yo mismo faltase. Ahora,
para alegrarme, me basta también
todo canto de mirlo que suene cuando yo no esté.

*Aus ist das Stück. Verübt ist die Vorstellung. Langsam
Leert, ein erschlaffter Darm, das Theater sich. In den Garderoben
Waschen von Schminke und Schweiß sich die flinken Verkäufer
Eilig gemischter Mimik, ranziger Rhetorik. Endlich
Gehen die Lichter aus, die das klägliche
Pfuschwerk enthüllten, und lassen in Dämmer das schöne
Nichts der mißhandelten Bühne. Im leeren
Noch leicht stinkenden Zuschauerraum sitzt der gute
Stückeschreiber und ungesättigt versucht er
Sich zu erinnern.*

Se acabó la obra. Perpetrada la función. Despacio
se vacía, como una tripa fláccida, el teatro. En los vestuarios
se quitan el maquillaje y el sudor los ágiles vendedores
de mímica velozmente mezclada con retórica rancia. Por fin
se apagan las luces, que desvelan
la lamentable chapuza, y dejan en penumbra
la hermosa nada del escenario maltratado. En el vacío
patio de butacas que todavía apesta, sentado, el buen
autor dramático intenta insatisfecho
recordar.

Epílogo

«*El gran Bert Brecht*»

por Siegfried Unseld

Seleccionar un centenar de poemas y canciones de Bertolt Brecht es una tarea que difícilmente puede tener éxito, pues el editor dispone de un total de más de 2300 poemas en la *Grosse kommentierte Berliner und Frankfurter Ausgabe* (Gran edición comentada de Berlín y Frankfurt/5 volúmenes, editados por Jan Knopf), una obra poética de la dimensión de la de Goethe, y sobre todo porque muchos poemas tienen una alta calidad; la selección, necesariamente subjetiva, no tiene apenas límites. Con las *Lieder zur Klampfe von Bert Brecht und seinen Freunden/ Canciones para guitarra de Bert Brecht y sus amigos* de 1918, comienza la verdadera obra lírica. Le anteceden textos, que datan del año 1913, inscritos en el *Tagebuch Nr. 10/Diario n.° 10*, (que fue editado en facsímil en 1989). A menudo se habla de los amigos. Con ello los textos surgen de modo espontáneo, cuando la "pandilla" –Brecht delante con la guitarra– pasea por Augsburgo. En el poema *Srenade/Serenata* de 1916 él mismo proporciona una imagen de ello con su *"Klampfentier/Fiera guitarra'* y su cantante borracho

Serenata

Ahora sólo velan la luna y el gato
las gente todas duermen ya
y Bert Brecht trota con su farol
por la plaza del ayuntamiento.

Cuando despierta el joven mayo
y flores brotan por doquier
Bert Brecht con su fiera guitarra
da bandazos borracho a través de la noche.

Con muchos otros poemas y canciones en 1927 compone *Bertolt Brechts Hauspostille/Devocionario doméstico de B.B.* (con instrucciones para su "uso", partituras y un anexo). La colección en un principio, desde 1922, está planeada para la editorial Kiepenheuer, cuyo lector entonces, Hermann Kasack, la había recibido con entusiasmo. Brecht, sin embargo, retiene *Hauspostille/Devocionario doméstico* y firma en 1925 un nuevo contrato con el Grupo Ullstein, que en 1927 lo publica en la editorial Propyläen. La editorial Kiepenheuer, que de esa forma salió perjudicada, hizo imprimir en 1926 tan sólo 25 ejemplares como edición privada, para uso personal de Brecht, con el título de *Taschenpostille/Devocionario de bolsillo*. Este volumen de poemas contiene, entre otros, poemas que ya hace tiempo forman parte del inventario más constante e importante de la literatura alemana, tales como *Choral vom Manne Baal/Coral del hombre Baal*, *Die Legende vom toten Soldaten/La leyenda del soldado muerto*, poemas como *Vom ertrunkenen Mädchen/De la niña ahogada*, *Vom armen B.B./Del pobre B.B.* hasta el ya legendario *Erinnerung an die Marie A./Recuerdo de Marie A.*

¿En qué consiste el atractivo y la significación de estos poemas? Son desde el primero al último poemas de ocasión, y las ocasiones pueden ser ya políticas, históricas, ligadas a amigos o mujeres, de colegas, pueden surgir de sucesos históricos, de figuras históricas o contemporáneas. Recuérdese a Goethe, quien dijo el 28 de septiembre de 1823 a Eckermann: "El mundo es tan grande y rico y la vida tan múltiple, que nunca faltarán motivos para escribir poemas. Pero todos tienen que ser poemas de ocasión, es decir, es la realidad quien debe proporcionar su motivación y su tema. En general y poéticamente un caso se convierte en especial precisamente porque el poeta lo trata. Todos mis poemas son poemas de ocasión, han sido inspirados por la realidad y en ella tienen fundamento y hacen pie. Los poemas que nacen del aire no me interesan nada". Eso mismo, literalmente, podría haberlo escrito Brecht. Goethe volvió de forma constante sobre el topos de la ocasión. En sus *Römischen Elegien/Elegías romanas* leemos: "La diosa se llama ocasión" y esa diosa "indiferente" "favorece tanto a lo bueno como a lo malo". En el *West-östlicher Diwan/Diván de Oriente y Occidente*, se encuentra la cita famosa: "La ocasión no hace al ladrón, / ella misma es el mayor ladrón".

Un ejemplo de los poemas de ocasión de Brecht es su *Legende vom toten Soldaten/La leyenda del soldado muerto*. En un texto mecanografiado de su legado se lee: "La Balada del soldado muerto fue escrita durante la guerra". En la primavera de 1918 peina el General del Kaiser Ludendorff por última vez Alemania, desde el Maas hasta el Memel, para su gran ofensiva. Los hombres de diecisiete a cincuenta años son tallados y enviados a los fuegos de las "batallas de desgaste". La palabra k.v., que significa "*kriegsverwendungsfähig/apto para la guerra*", vuelve a asustar de nuevo a millones de familias, y el pueblo comenta: "Se desentierra a los muertos para el servicio militar". De ello surge en 1918 el poema, cuya primera estrofa suena:

V. Lektion, Kap. 5. Legende vom toten Soldaten. D-moll

Und als der Krieg im fünf - ten Lenz kei - nen

Aus-blick auf Frie-den bot, da zog der Sol - dat sei - ne

Kon - se - quenz und starb den Hel - den - tod. usw.

En diciembre de 1921 canta Brecht esta canción acompañado por su *"Klampftier/fiera guitarra"* en el cabaret de Berlín *"Wilde Bühne"* y desata con ello un gigantesco escándalo, que le impide posteriores actuaciones. Aún así la canción se convierte en un gran éxito en los cabarets de la República de Weimar.

A *Hauspostille/Devocionario doméstico* le suceden los *Augsburger Sonette/Sonetos de Augsburgo*, concebidos como edición privada, pero que no pasaron de galeradas; luego las *Songs der Dreigroschenoper/Canciones de la ópera de tres centavos*, de considerable éxito, en la editorial Kiepenheuer, así como en 1934, ya en una editorial del exilio en París, el "cancionero antifascista" *Lieder Gedichte Chöre/Canciones Poemas Corales*, que Brecht publica conjuntamente con el compositor Hanns Eisler

Los poemas de Brecht son expresión de una experiencia vital. Lo que en 1956 escribió Peter Suhrkamp todavía hoy es válido: "que Brecht como poeta, en verso y en su teatro, escribe la historia de nuestro pueblo desde 1918, todavía no se reconoce excesivamente; sin embargo, a aquél que ha vivido con intensidad esas épocas, si realiza una lectura coherente de sus poemas así como de sus obras, se le hace vehementemente claro. Sus poemas y canciones no sólo conservan la atmósfera de la época, están impregnados por la lengua y los gestos de determinadas figuras y acontecimientos de la época. Incluso lo lírico lo expresa Brecht no sólo en su propia persona y lengua, ni siquiera cuando escribe en primera persona. En los poemas y canciones de Brecht se emplean muchas actitudes de muchas personas de múltiples maneras, eso las hace en todo momento y cada vez más actuales".

Los poemas de Brecht son poemas de ocasión. Pero contrariamente a Goethe, Brecht no pasea "por el bosque a solas", sino escoltado por policías. Se ve involucrado en "multitud de luchas", las luchas de la República de Weimar que se hunde, involucrado en el terror del fascismo y del "pintor de brocha gorda", como Brecht llamaba a Hitler, e involucrado en las posibilidades e imposibilidades socialistas de la DDR/RDA tras la segunda guerra mundial.

En el forzoso exilio, los "tiempos sombríos", crea muchos poemas que anuncian "los tiempos sombríos". Brecht de nuevo los agrupa por colecciones. Así se publican en 1939 los *Svendborger Gedichte/Poemas de Svendborg*, una recopilación única hasta entonces de poesía política en lengua alemana.

Huido bajo el techo de paja danés, amigos,
prosigo vuestra lucha. Aquí os envío
como alguna otra vez, un par de palabras, expulsado
por la sangrienta historia a traves del Sund y de los bosques.

En los *Svendborger Gedichte/Poemas de Svendborg* encontramos, entre otros, poemas como *Fragen eines lesenden Arbeiters/Preguntas de un obrero lector,* Besuch bei den verbannten Dichtern/*Visita a los poetas desterrados,* o la Legende von der Entstehung des Buches Taoteking auf dem Wege des Laotse in die Emigration/*Leyenda del origen del libro Tao-te-king durante el viaje de Lao Tsé hacia la emigración,* que resume las milenarias enseñanzas de Lao Tsé en las palabras únicas y válidas: "Que el agua, aun siendo blanda, en movimiento, / con el paso del tiempo vence a la fuerte piedra. / ¿Comprendes?, lo duro es derrotado". Y el poema final de la antología, dirigido enfáticamente: *An die Nachgeborenen/A los que nazcan más tarde:* "¡Realmente, vivo en tiempos sombríos!"

[...] Ay, nosotros,
los que queríamos preparar el terreno para la afabilidad,
no pudimos ser afables nosotros mismos.

Pero vosotros, cuando llegue a suceder
que el hombre sea un aliado para el hombre,
pensad en nosotros
con indulgencia.

A los *Svendborger Gedichte/Poemas de Svendborg* les suceden los poemas de la *Steffinische Sammlung/Colección steffiniana,* las *Hollywoodelegien/Elegías de Hollywood,* los versificados *Gedanken uber die Dauer des Exils/Pensamientos sobre la duración del exilio,* pensamientos sobre su posible vuelta a su ciudad materna, Augsburgo, y una descripción del *Landschaft des Exils/Paisaje del exilio.*

Brecht sometió estos poemas a un "lavado de lengua"; son objetivos, secos, como escritos casuales; se muestran, sin embargo, con extraordinarios significados múltiples y llenos de realidad. Obligan a sus lectores a confrontarlos con su propia realidad y a verificar su "verdad". Así se crea un tipo completamente nuevo de lírica: desafiante y de un laconismo brutal, que estremece tanto como ilustra. Son más abismales que los poemas de autores a los que Brecht acusaba en los años veinte de haber cedido a la magia y la ebriedad de la palabra.

La última grande y significativa colección de poemas, las *Buckower Elegien/Elegías de Buckow*, no llegó a publicarse en vida de Brecht. Seis poemas aparecieron en 1954 en el Cuaderno 13 de *Versuche/Experimentos*. La historia de la creación de las elegías está estrechamente relacionada con los sucesos del 17 de junio de 1953. "El 17 de junio ha enajenado toda mi existencia", anota Brecht el 20 de agosto de 1953[1]. Los poemas los crea en julio y agosto de 1953 en su casa de campo en Buckow, junto al lago Schermützel. Comprende la sublevación de los obreros, pero como se entremezclaron provocadores del oeste y fuerzas fascistas supuestamente inexistentes en la DDR, aprueba las medidas tomadas por el Partido Socialista Unificado. Brecht teme que la sublevación pudiera convertirse en un golpe de estado fascista y provocar la tercera guerra mundial. "En la lucha contra la guerra y el fascismo, estuve y estoy a su lado", al lado de los obreros; pero exige al mismo tiempo que se emprendan significativas mejoras para ellos. No se produce reacción alguna a la publicación de las seis *Buckower Elegien/Elegías de Buckow*. En la República Federal de Alemania pasan inadvertidas; se le toma a mal a Brecht su supuesta actitud de sometimiento frente al régimen de la DDR. En la DDR el aparente idilio que se inicia con *Der Blumengarten/El jardín* se interpreta como un retroceso del

---
[1] Día del levantamiento del pueblo berlinés contra el régimen socialista. (N. de los T.).

poeta y su correspondiente despolitización. Brecht mismo dio instrucciones, según unas declaraciones de Elisabeth Hauptmann, de retener algunos poemas, porque temía que serían mal interpretados. Brecht en las *Buckower Elegien/Elegías de Buckow*, expresó, por un lado, la necesidad de la lucha contra el fascismo "en sí mismo", por otro lado expresó también la crítica fundamental a la situación socialista existente en ese momento. Tan sólo hoy, con la gran distancia, se puede valorar su actitud. No fue ni una provocación ni una retirada, fue la reacción de un poeta: "No estoy a gusto allí de donde vengo. / No estoy a gusto allí hacia donde voy". Formula pesadillas, en las que ve cómo se le señala con dedos, "como a un leproso". "¡Ignorantes! he gritado / consciente de mi culpa."

Luego el poema *Die Lösung/La solución*. Para las medidas tomadas por el gobierno contra el pueblo Brecht encuentra la formulación que desmonta cualquier reivindicación democrática que la DDR pudiera plantear: "¿Pero no sería / más simple que el gobierno / disolviera al pueblo / y que eligiera otro?" Fue la crítica más incisiva la que practicó aquí Brecht, como lo hacía generalmente: "¿Qué son ciudades, construidas / sin la sabiduría del pueblo?". Y finalmente el último poema de las *Buckower Elegien/Elegías de Buckow, Beim Lesen des Horaz/Leyendo a Horacio*:

Ni siquiera el diluvio
duró eternamente.
Acabaron bajando
las negras aguas.
¡Realmente qué pocos
han pervivido!

No sin doble sentido la última de las *Buckower Elegien /Elegías de Buckow* alude a la frase horaciana "exegi monumentum aere perennius", la poesía es más duradera que el bronce. El poema de Bertolt Brecht plantea la reivindicación de ser poesía superviviente y al mismo tiempo la cuestiona de modo radical.

Aquí hemos llegado a un punto decisivo de la reflexión respecto a la lírica de Brecht. Brecht con sus obras y sus válidas, así como persistentes formulaciones, ha demostrado que no disminuye con ninguna "toma de partido" superficial o posicionamiento ideológico (léase marxista), que es un autor clásico. Su relación con lo clásico, tanto con las obras como con los autores clásicos, es tan vieja como su propio pensamiento y su escritura misma. La afinidad de Brecht con lo romano es enorme. *Die Horatier und die Kuriatier/Los horacios y los curiacios* la escribió basándose en Livio, *Das Verhör des Lukullus/El interrogatorio de Lúculo* según Plutarco. *Die Geschäfte des Herrn Julius Caesar/Los negocios del Señor Julio César* según Salustio, Suetonio y otros, el *Coriolanus* según Shakespeare y Plutarco. Y una y otra vez ha descrito Brecht la decadencia de la gran Cartago como ejemplo admonitorio de nuestra propia decadencia. Así el 26 de septiembre de 1951: "La gran Cartago tuvo tres guerras. Todavía era poderosa tras la primera, todavía habitable tras la segunda. Y era ya imposible encontrarla tras la tercera". En la recientemente publicada *Brecht Chronik/Crónica de Brecht* de Werner Hecht los nombres de Goethe, Schiller y Shakespeare encabezan las notas del índice.

Al principio de los años veinte Brecht se burlaba: "Observo que empiezo a ser un clásico" Sin embargo, es muy correcta esa observación Cada vez más la creación y el modo de trabajar de Brecht cumple con la exigencia de lo clásico. Horacio, Lucrecio y, una y otra vez, Dante representan retos para un tratamiento activo y productivo al tiempo que crítico en y mediante la poesía, como por ejemplo *Das zwölfte Sonett. Über die Gedichte des Dante auf die Beatrice/El duodécimo soneto. Sobre los poemas de Dante a Beatriz,* que está dedicado a Margarete Steffin.

Die Terzinen über die Liebe/Tercetos sobre el amor se hicieron famosos con el título de *Die Liebenden/Los amantes.* Según una comunicación de Ernst Bloch fueron creados en una sola noche, tras la lectura de Shakespeare, para hacer "arte elevado" y poder evitar la prohibición que se cernía sobre la representación de *Mahagonny.* Pero hoy sabemos que no fue tanto en Shakespeare, sino más bien en el quinto canto del *Inferno* de Dante donde se inspiró Brecht. En él una novia del viento evoca a los espíritus de los muertos, entre ellos a la pareja de Francesca y Paolo; en Dante se encuentra también el tema del vuelo de las grullas y de la intensa relación amorosa. Ningún poema de Brecht ha tenido mayor impacto. Karl Kraus lo valoró como "una de las creaciones más importantes de Brecht y de la lírica alemana en general". El 11 de enero de 1932 organiza Kraus una lectura, y escribe con ese motivo: "A cambio de los versos de *"Grulla y nube"* daría toda la literatura de todos los literatos que erróneamente se consideran contemporáneos de Brecht".

La relación de Brecht con la música también pertenece a este contexto y, por supuesto, su coherencia de autor teatral, director y hombre de teatro. Clásico también su trato con los discípulos. Brecht y sus seguidores en la lírica: Hans Magnus Enzensberger, Thomas Brasch, Volker Braun, Wolf Biermann, Heiner Müller, Durs Grünbein y Albert Ostermaier.

Incluso en el diseño de sus libros, Brecht siempre remitía a los "modelos clásicos". El editor de la presente edición ha averiguado que existía un modelo para el *Hauspostille/Breviario doméstico* de Brecht y el "valor de uso" que le deseaba: la colección de

Hauspostille de Martín Lutero, que existía ya en 1544. *Postille* significa "aclaración del texto bíblico citado", *post illa verba texta*; se trata pues de textos de uso religioso. Brecht, sin embargo, no sólo sigue el modelo protestante; las cinco lecciones de su *Hauspostille/Breviario doméstico*, entre ellas *Bittgänge/Procesión, Exerzitien/Ejercicios* y *Chroniken/Crónicas* siguen también el ritual católico. Cuando en 1953 se publicaron en la editorial Suhrkamp los primeros volúmenes de unas obras completas de Brecht, el propio autor insistió en que fueran "las obras completas de un clásico". Su colaboradora Elisabeth Hauptmann dice al respecto: "La edición clásica [...] tendría pues que tener un formato clásico".

Brecht, el clásico. La época de Goethe ve lo clásico de un autor en que éste sea capaz de producir algo "notable" en todos los géneros. Ese ideal fue válido hasta finales del siglo XIX. En el siglo XX operan narradores como Franz Kafka, Thomas Mann, Hermann Hesse, Hermann Broch y Robert Musil, y como poetas Rainer Maria Rilke y Gottfried Benn. Abarca las diversas formas de género literario con cierto rango en ejemplos aislados Hugo von Hofmannsthal, pero en medida amplia, sin embargo, sólo lo encontramos en Brecht. Sus logros en los campos de la épica, la lírica y la dramática son más que notables. Su poesía comprende las formas de: balada, coral, elegía, epigrama, glosa, canción heroica, himno, canción (canción infantil, popular y cantable), oda, salmo, romance, sonetos y tercetos. En su verso domina entre otros el trímetro, el verso blanco, el pentámetro, el hexámetro; domina la rima, la asonancia y la aliteración, así como las más variadas formas de juego rítmico libre. Unas formas las respeta, otras formas las transgrede. Cuanto más importante el asunto, más clásica la forma del verso; el *Manifest/Manifiesto* según Karl Marx y Friedrich Engels está redactado como poema didáctico en la "respetable versificación" de Lucrecio, en hexámetros. El poema *Beim Lesen des Horaz/Leyendo a Horacio* expresa su duda y escepticismo sobre la perviviencia de la obra mediante una cita de la fórmula métrica final de la oda sáfica, tal como Brecht la encuentra en el propio Horacio.

Más allá de cualquier moda y de cualquier evolución, la obra poética de Bertolt Brecht quedará. Mi selección es subjetiva, no son los poemas más conocidos; sin embargo, son los que me han acompañado durante décadas. Son, como lo expresó Max Frisch, "poemas que perduran". Y ello porque hacen perdurar realidades mediante la poesía. "Todos los grandes poemas", según Brecht, "tienen el valor de documentos", y eso es lo que son sus poemas.

Un poema no está incluido en mi selección, pero me gustaría citarlo aquí en este epílogo:

El gran Bert Brecht no entendía las cosas más sencillas
y reflexionó sobre las más difíciles, como por ejemplo la hierba
y elogiaba al gran Napoleón
porque también comía.

En esto coincide con el principal mensaje de Bertolt Brecht: "Todas las artes contribuyen a la más grande de todas las artes, el arte de vivir".

Índice

	Página
Serenade	8
Serenata	9
Choral vom Manne Baal	10
Coral del varón Baal	11
Die Ballade von François Villon	14
La balada de François Villon	15
Gegen Verführung	22
Contra el engaño	23
Legende vom toten Soldaten	24
Leyenda del soldado muerto	25
Apfelböck oder Die Lilie auf dem Felde	32
Apfelböck o el lirio en el campo	33
Bericht vom Zeck	38
Informe sobre el hombre del saco	39
Orges Gesang	42
El canto de Orge	43
Vom ertrunkenen Mädchen	46
De la muchacha ahogada	47
Vom Klettern in Bäumen	48
Del trepar a los árboles	49
Vom Schwimmen in Seen und Flüssen	50
Del nadar en lagos y ríos	51
Erinnerung an die Marie A.	54
Recuerdo de Marie A.	55
Vom armen B. B.	58
Del pobre B. B.	59

Página

Von der Kindesmörderin Marie Farrar	62
De la infanticida Marie Farrar	63
Alabama Song	70
Alabama-Song	71
Entdeckung an einer jungen Frau	74
Descubrimiento en una mujer joven	75
Die Augsburger Sonette	76
Los sonetos de Augsburgo	77
Sonett Nr. 1. Über Mangel an Bösem	76
Soneto n° 1. Sobre la escasez del mal	77
Sonnet Nr. 5. Kuh beim Fressen	76
Soneto n° 5. Vaca comiendo	77
Sonnett Nr. 11. Vom Genuß der Ehemänner	78
Soneto n° 11. Del placer del esposo	79
Aus dem Lesebuch für Städtebewohner – 1, 5, 7, 8, 10	82
Del Libro de lectura para ciudadanos – 1, 5, 7, 8, 10	83
Surabaya-Johnny	94
Surabaya-Johnny	95
Vom Geld	98
Del dinero	99
Der Barbara-Song	102
La canción de Bárbara	103
Die Seeräuberjenny	106
Jenny la pirata	107
Lied der Jenny	110
La canción de Jenny	111
700 Intellektuelle beten einen Öltank an	116
700 intelectuales le rezan a un tanque de petróleo	117
Ballade vom angenehmen Leben	122
Balada de la vida agradable	123
Ballade von der Unzulänglichkeit menschlichen Planens	126
Balada de la ineficacia de la planificación humana	127

	Página
Die Ballade von den Prominenten	130
La balada de los famosos	131
Die Moritat von Mackie Messer	134
La escabechina de Mackie Messer	135
Liebeslied	138
Canción de amor	139
Schlußchoral	140
Coral final	141
Terzinen über die Liebe	142
Tercetos sobre el amor	143
Zuhälterballade	146
Balada del macarra	147
Lied der Lyriker	148
Canción de los poetas líricos	149
Lob der Dialektik	156
Elogio de la dialéctica	157
Aus den ›Sonetten‹	158
De los "Sonetos"	159
Das erste Sonett	158
El primer soneto	159
Das neunte Sonett	158
El noveno soneto	159
Achtes Sonett	160
Octavo soneto	161
Deutschland	162
Alemania	163
Ich benötige keinen Grabstein, aber...	166
No necesito lápida, pero...	167
An die Nachgeborenen	168
A los que nazcan más tarde	169
Die Auswanderung der Dichter	176
La emigración de los poetas	177

	Página
Ulm 1592	178
Ulm 1592	179
Zeit meines Reichtums	180
La época de mi riqueza	181
Ballade von der Judenhure Marie Sanders	184
Balada de la «puta para judíos» Marie Sanders	185
Das Lieblingstier des Herrn Keuner	188
El animal preferido del Señor Keuner	189
Fragen eines lesenden Arbeiters	192
Preguntas de un obrero lector	193
Lied des Stückeschreibers	196
Canción del autor dramático	197
Marie Sander, dein Liebhaber...	200
Marie Sander, tu amante...	201
Über das Lehren ohne Schüler	202
Sobre el enseñar sin alumnos	203
Kuppellied	204
Canción del acoplamiento	205
Geflüchtet unter das dänische Strohdach, Freunde...	208
Huido bajo el techo de paja danés, amigos,...	209
Wenn der Krieg beginnt...	210
Cuando empiece la guerra...	211
Die Schauspielerin im Exil	212
La actriz en el exilio	213
Besuch bei den verbannten Dichtern	214
Visita a los poetas desterrados	215
Legende von der Entstehung des Buches Taoteking auf dem Weg des Laotse in die Emigration	218
Leyenda del origen del libro Tao-Te-King durante el viaje de Lao Tse hacia la emigración	219
Über Kants Definition der Ehe in der »Metaphysik der Sitten«	226

	Página
Sobre la definición de Kant del matrimonio en la "Metafísica de las costumbres"	227
Über Kleists Stück »Der Prinz von Homburg«	228
Sobre la obra de Kleist "El Príncipe de Homburg"	229
Über Schillers Gedicht »Die Bürgschaft«	230
Sobre el poema de Schiller "La garantía"	231
Über Shakespeares Stück »Hamlet«	232
Sobre la obra de Shakespeare "Hamlet"	233
Verjagt mit gutem Grund	234
Perseguido por buenas razones	235
Ardens sed virens	238
Ardens sed virens	239
Lied des Glücksgotts	240
Canción del Dios de la fortuna	241
Mutter Courages Lied	244
La canción de madre Coraje	245
Lob des Zweifels	250
Elogio de la duda	251
Schlechte Zeit für Lyrik	258
Malos tiempos para la lírica	259
Über Deutschland	260
Sobre Alemania	261
Finnische Landschaft	262
Paisaje finlandés	263
Die Verlustliste	264
La lista de los desaparecidos	265
Nach dem Tod meiner Mitarbeiterin M. S.	266
Tras la muerte de mi colaboradora M. S.	267
Die Maske des Bösen	268
La máscara del mal	269
Ich, der Überlebende	270
Yo, el superviviente	271

Página

Und was bekam des Soldaten Weib?	272
¿Y qué recibió la mujer del soldado?	273
Als der Nobelpreisträger Thomas Mann den Amerikanern und Engländern das Recht zusprach, das deutsche Volk für die Verbrechen des Hitlerregimes zehn Jahre lang zu züchtigen	276
Cuando el premio Nobel Thomas Mann les concedió a los americanos y a los ingleses el derecho a fustigar durante diez años al pueblo alemán por los crímenes cometidos por el régimen de Hitler	277
Die Rückkehr	280
El regreso	281
Es wechseln die Zeiten. Die riesigen Pläne...	282
Cambian los tiempos. Los gigantescos planes...	283
Hollywoodelegien	284
Elegías de Hollywood	285
1, 2, 3, 4	284
1, 2, 3, 4	285
Die Stadt ist nach den Engeln genannt...	286
La ciudad se llama así por los ángeles...	287
Jeden Morgen, mein Brot zu verdienen...	286
Cada mañana, para ganarme el pan...	287
Die Stadt Hollywood hat mich belehrt...	286
La ciudad de Hollywood me ha enseñado...	287
In den Hügeln wird Gold gefunden...	288
En las colinas se encuentra oro...	289
Über den vier Städten kreisen die Jagdflieger...	288
Sobre las cuatro ciudades circulan los cazas...	289
Landschaft des Exils	290
Paisaje del exilio	291
Vom Sprengen des Gartens	292
Sobre el riego del jardín	293
Das Manifest	294
El Manifiesto	295

	Página
Epitaph	314
Epitafio	315
Außer diesem Stern...	316
Fuera de este astro...	316
Wahrnehmung	318
Percepción	319
Kinderhymne	320
Himno infantil	321
Auf einen chinesischen Teewurzellöwen	322
A un león chino tallado en una raíz de té	323
Deutschland 1952	324
Alemania 1952	325
Die Requisiten der Weigel	326
Los requisitos de la Weigel	327
Suche nach dem Neuen und Alten	328
Búsqueda de lo nuevo y lo viejo	329
Aus den ›Buckower Elegien‹	332
De las "Elegías de Buckow"	333
Der Blumengarten	332
El jardín	333
Gewohnheiten, noch immer	332
Costumbres, todavía y siempre	333
Rudern, Gespräche	334
Remar, conversaciones	335
Der Rauch	334
El humo	335
Der Radwechsel	334
El cambio de rueda	335
Die Lösung	336
La solución	337
Böser Morgen	336
Mala mañana	337

	Página
Große Zeit, vertan	338
Gran época desperdiciada	339
Tannen	338
Abetos	339
Vor acht Jahren	338
Hace ocho años	339
Eisen	340
Hierro	341
Beim Lesen des Horaz	340
Leyendo a Horacio	341
Vergnügungen	342
Placeres	343
Dauerten wir unendlich...	344
Si nuestra duración fuera infinita...	345
Schwierige Zeiten	346
Tiempos difíciles	347
Meine Einzige...	348
Única mía...	349
Als ich in weißem Krankenzimmer der Charité...	350
Cuando en la blanca habitación del hospital de la Charité...	351
Aus ist das Stück. Verübt ist die Vorstellung. Langsam...	352
Se acabó la obra. Perpetrada la función. Despacio...	353
Epílogo	355

La primera
edición
bilingüe
de MÁS
DE CIEN
POEMAS de
Bertolt Brecht,
nº 344 de la colección
de poesía Hiperión, se
compuso, maquetó, imprimió
y encuadernó en la Comunidad
de Madrid en los últimos días
del navideño mes de diciembre
de 1998, año del centenario de
B.B. ER HAT VORSCHLÄGE
GEMACHT. WIR HABEN
SIE ANGENOMMEN.

Bertolt Brecht

Poemas de amor

Selección de Elisabeth Hauptmann
Traducción de
Vicente Forés, Jesús Munárriz y Jenaro Talens
Edición bilingüe

poesía Hiperión